365
DIAS de AMOR
COM DEUS

ENCONTRE MAIS
LIVROS COMO ESTE

Copyright desta tradução © IBC - Instituto Brasileiro De Cultura, 2024

Reservados todos os direitos desta tradução e produção, pela lei 9.610 de 19.2.1998.

1ª Impressão 2024

Presidente: Paulo Roberto Houch
MTB 0083982/SP

Coordenação Editorial: Priscilla Sipans
Coordenação de Arte: Rubens Martim (projeto gráfico)
Produção Editorial: Murilo Oliveira de Castro Coelho (Org.)
Tradução: Murilo Oliveira de Castro Coelho
Revisão: MC Coelho – Produção Editorial
Apoio de Revisão: Leonan Mariano e Lilian Rozati

Vendas: Tel.: (11) 3393-7727 (comercial2@editoraonline.com.br)

Foi feito o depósito legal.
Impresso na China

Dados Internacionais de Catalogação na Publicação (CIP)
de acordo com ISBD

K52t   King Books

365 Dias de Amor com Deus - Devocional / King Books. –
Barueri : King Books, 2024.
224 p. ; 15,1cm x 23cm.

ISBN: 978-65-981421-3-1

1. Autoajuda 2. Devoção I. Título.

2024-107   CDD 158.1
                                     CDU 159.947

Elaborado por Odilio Hilario Moreira Junior - CRB-8/9949

IBC — Instituto Brasileiro de Cultura LTDA
CNPJ 04.207.648/0001-94
Avenida Juruá, 762 — Alphaville Industrial
CEP. 06455-010 — Barueri/SP
www.editoraonline.com.br

DEVOCIONAL

365
DIAS de AMOR COM DEUS

15 MINUTOS
DIARIOS PARA SE
CONECTAR COM DEUS

KING
BOOKS

Querido leitor,

Prepare-se para embarcar em uma jornada transformadora com *365 Dias de Amor com Deus*. Este não é apenas um livro devocional; é um companheiro fiel que irá guiá-lo através das estações da vida, oferecendo consolo, coragem e renovação espiritual dia após dia.

Imagine começar cada manhã com um pensamento inspirador de alguns dos mais notáveis pregadores e pensadores espirituais que já existiram. Imagine a paz e a clareza que você pode alcançar ao meditar sobre as palavras sagradas da Bíblia, cuidadosamente selecionadas para cada dia do ano. Cada página deste livro foi criada para nutrir sua alma, fortalecer sua fé e aprofundar seu relacionamento com Deus.

O mundo moderno é repleto de desafios que podem nos desviar do caminho da fé. As demandas diárias, as incertezas e as adversidades podem facilmente ofuscar a nossa visão do que realmente importa. *365 Dias de Amor com Deus* oferece um refúgio sagrado onde você pode se reconectar com o seu eu interior e com o amor incondicional de Deus.

Com traduções de sermões poderosos, orações sinceras e versículos da Bíblia Sagrada (na versão Almeida Revista e Atualizada), este livro é um verdadeiro farol de esperança. Cada entrada diária foi projetada para ajudá-lo a enfrentar as dificuldades com resiliência e gratidão, fortalecendo seu espírito e guiando-o para uma vida de propósito e paz.

À medida que você folheia estas páginas, encontrará um amigo e conselheiro em tempos de necessidade. Os pensamentos e ensinamentos aqui presentes foram selecionados para inspirar a superação, a perseverança e a humildade. Eles servirão como um lembrete constante de que, independentemente das circunstâncias, você nunca está sozinho — Deus está sempre ao seu lado, pronto para endireitar as suas veredas e iluminar o seu caminho.

Deixe este livro ser a luz que guia seus passos diariamente. Deixe-o ser a voz suave que acalma seu coração e a força que o sustenta em momentos de fraqueza. Ao abrir seu coração para as mensagens divinas contidas em *365 Dias de Amor com Deus*, você descobrirá uma fonte inesgotável de amor, esperança e renovação espiritual.

Que cada dia que você passar com este livro seja um passo a mais em sua jornada espiritual, um passo em direção à intimidade com Deus e à realização plena de seu propósito divino.

Com amor e gratidão,

Wallace Cardozo
Pastor Regional | Igreja Batista Atitude Alphaville - SP

"Confie no Senhor de todo o seu coração, e não se apoie em seu próprio entendimento; reconheça o Senhor em todos os seus caminhos, e ele endireitará as suas veredas. Não seja sábio aos seus próprios olhos; tema o Senhor e evite o mal."

Provérbios, 3:5-7

01 JAN

"O sábio ouvirá e crescerá em conhecimento, e o entendido adquirirá sábios conselhos."

Provérbios, 1:5

PENSAMENTO DO DIA

Os corações elevados nunca ficam muito tempo sem ouvir algum novo chamado, algum clarim distante de Deus, mesmo em seus sonhos, e logo se observa que eles abandonam o acampamento da facilidade e iniciam uma nova marcha de serviço fiel.

James Martineau

COMO SEUS DIAS, ASSIM SERÁ SUA FORÇA

Quem são aqueles que podem receber, e de fato recebem, benefícios como Abraão recebeu? O texto de Romanos, 4:12 diz: "Os que andam nas pisadas da fé de Abraão". Pessoas que não apenas desfrutam dos privilégios da Igreja, mas também que prestam a obediência da fé, de acordo com a Palavra de Deus.

A fé capacita o ser humano a agir. Por qual poder Abraão foi capacitado a prestar obediência ao Senhor? O texto responde: "Os que andam nas pegadas", não de Abraão, mas "nas pegadas da fé de Abraão". Talvez, o texto deveria ter sido escrito assim: "Os que andam nas pegadas de Abraão". Portanto, ele diz: "Os que andam nas pisadas da fé de Abraão", isto é, foi a graça da fé que Deus concedeu a Abraão que o vivificou e o capacitou a cumprir todos os deveres que Deus exigiu dele e o chamou para cumprir. O ponto, então, é evidente: é a fé que produz os frutos.

HOOKER, T. In: KLEISER, G. (org.). Os grandes sermões do mundo. v. 2.

REFLEXÕES

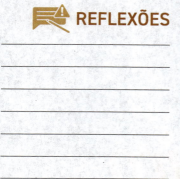

LEITURA BÍBLICA
ROMANOS, 4:1-15

CAMINHE CHEIO DE ESPERANÇA

02 JAN

Gracioso Senhor, que Teu favor penetre com seu poder em todos os deveres, diminuindo cada cruz e adoçando cada cuidado. Dê-me a oportunidade de perceber a bem-aventurança da dependência inabalável de Tua misericórdia, sabendo que tudo o que me acontece é o amor infalível, e que nada pode dar errado que venha de Tuas mãos. Que minha caminhada diária seja santificada e iluminada por Tua presença e companheirismo.

John R. Macduff. In: Incenso noturno.

"O Senhor guardará a tua saída e a tua entrada, desde agora e para sempre."
Salmos, 121:8

LEITURA BÍBLICA
ROMANOS, 5:1-5

Agradeça a Deus por tê-lo tornado útil a outros. Vá em frente e prospere. O Senhor estará com você.
GEORGE WHITEFIELD

TENHA MISERICÓRDIA

LEITURA BÍBLICA
FILIPENSES, 4:4-9

Senhor Deus, dê-me o poder de controlar minha mente e meu coração, para que eu não seja escravo de hábitos que possam me afastar do amor e das bênçãos eternas. Que eu possa ter simpatia e compaixão pelos outros e valorizar a Tua ternura e misericórdia, assim como eu as tenho em minha vida diária.

Charles Spurgeon

"E perdoa-nos as nossas dívidas, assim como nós perdoamos aos nossos devedores."
Mateus, 6:12

03 JAN

04 JAN

OUÇA A VOZ DE DEUS

"Guardo a tua palavra no meu coração para não pecar contra ti."
Salmos, 119:11

LEITURA BÍBLICA
MATEUS, 4:1-12

A oração serve para aumentar a força moral e resistir à tentação, ou para o desaparecimento da relutância no cumprimento de deveres que são desagradáveis, ou para paciência e coragem ao suportar problemas, ou para autocontrole, ou para alívio da ansiedade exaustiva e infrutífera, e a resposta vem. Ela vem gradualmente, mas ainda assim vem.

DALE, R. W. In: KLEISER, G. (org.). Os grandes sermões do mundo. v. 7.

 Deus Eterno, que nenhuma distração nos afaste de nossa comunhão contigo. Que possamos nos apressar para Tua reconciliação.

J. H. JOWETT

BEBA NA FONTE DE ÁGUA VIVA

LEITURA BÍBLICA
JOÃO, 4:1-6

"Aquele que beber da água que eu lhe der nunca terá sede, porque a água que eu lhe der se fará nele uma fonte para a vida eterna."
João, 4:13-14

Nas coisas espirituais a fé é o mesmo que comer e beber. Pela boca da fé recebemos bênçãos em nossa natureza espiritual. Assim como podemos beber e comer sem esforço, de modo a obtermos alento, podemos receber Jesus e, ao aceitá-Lo, recebemos poder para tudo o que formos chamados a fazer.

Charles Spurgeon. In: Em torno do portão de entrada.

05 JAN

SIGA O PAI CELESTIAL

06 JAN

Há algum plano para o trabalho de cada dia, que Ele nos revela se apenas olharmos para Ele. Não precisamos ficar ansiosos, porque Aquele que nos envia faz o plano de acordo com Sua infinita sabedoria, e o revela a nós. E quanto à nossa suficiência, estamos seguros de ter toda a graça necessária, porque Ele nunca nos envia sem que primeiro sopre sobre nós e diga: "Recebei o Espírito Santo".

F. B. Meyer

"Deus é o que opera em vós tanto o querer como o efetuar, segundo a sua boa vontade."
Filipenses, 2:13

LEITURA BÍBLICA
JEREMIAS, 31:31-34

 Os confortos que já experimentaram em suas provações são apenas indícios do que encontrarão na vida espiritual.
F. WHITFIELD

SEJA A VERDADEIRA IGREJA DE DEUS

LEITURA BÍBLICA
ATOS, 17:1-28

Uma santa Igreja de Deus aparece em todas as épocas, inconsistente com o passar dos anos, inalterada pela mudança de lugar. Há um templo na Terra, um templo espiritual, feito de pedras vivas, um templo composto de almas, um templo que tem Deus como luz e Cristo como sumo sacerdote. Onde quer que haja fé e amor, é lá que esse templo estará.

J. H. Newman

"O Deus que fez o mundo e tudo que nele há, sendo Senhor do céu e da terra, não habita em templos feitos por mãos de homens."
Atos, 17:24

07 JAN

08 JAN

ELEVE SEU CORAÇÃO

Senhor Deus, venho a Ti em busca de ajuda, para que eu possa aproveitar melhor minha vida. Firme-me, para que eu possa conhecer seu valor sem vacilar, e a perda que posso sofrer com os dias desperdiçados. Oro para que eu possa viver mais em teus mandamentos e, com meu trabalho, aceitar a alegria de teu amor. Amém!

"Lança o teu cuidado sobre o Senhor, e ele te susterá; não permitirá jamais que o justo seja abalado."
Salmos, 55:22

LEITURA BÍBLICA
GÊNESIS, 17:3-11

"A fé é vitalmente importante, indispensável em nossa busca por Deus."
A. W. TOZER

BUSQUE A SABEDORIA

A voz universal de Deus era chamada pelos antigos hebreus de sabedoria. O oitavo capítulo do Livro de Provérbios começa com: "Não clama a sabedoria? E não faz o entendimento ouvir a sua voz?". O salmista retrata a sabedoria como uma bela mulher que está "no topo dos lugares altos, no caminho, nos lugares das veredas". Ela faz soar sua voz de todos os lados para que ninguém a deixe de ouvir.

A. W. Tozer. In: *À procura de Deus*.

LEITURA BÍBLICA
PROVÉRBIOS, 1:20-33

"Feliz é quem acha a sabedoria; feliz é aquele que alcança o entendimento."
Provérbios, 3:13

ORE SEM CESSAR

10 JAN

Ficar bastante tempo a sós com Deus é o segredo. Ele concede Suas mais ricas dádivas àqueles que declaram seus desejos. Cristo passou muitas noites inteiras em oração. Paulo orava dia e noite. Daniel necessitava de um tempo para se dedicar a orar três vezes por dia. As orações de Davi pela manhã, ao meio-dia e à noite eram, sem dúvida, muito prolongadas em diversas ocasiões.

Edward M. Bounds. In: O poder da oração.

"Orem no Espírito em todas as ocasiões, com toda oração e súplica."
Efésios, 6:18

LEITURA BÍBLICA
SALMOS, 86:1-10

Se há uma necessidade mais urgente hoje em dia é a oração. São poucos os que estão 'constantemente em oração' ou 'oram sem cessar'
ALBERT A. HEAD

CONFIE NO SENHOR

A vida de Davi foi uma torrente de desejo espiritual, e seus salmos ressoam o clamor de quem busca, bem como o grito de alegria de quem encontra. Paulo disse que a mola propulsora de sua vida era seu desejo ardente por Cristo. "Considero todas as coisas como perda, pela excelência do conhecimento de Cristo Jesus, meu Senhor; pelo qual sofri a perda de todas as coisas, e as considero como refugo, para que possa ganhar a Cristo".

A. W. Tozer. In: À procura de Deus.

LEITURA BÍBLICA
SALMOS, 84

"Provai, e vede que o Senhor é bom; bem-aventurado o homem que nele confia."
Salmos, 34:8

11 JAN

12 JAN

PROGRIDA NA VIDA ESPIRITUAL

Há naturalmente em todo ser humano o desejo de saber. Mas, de que adianta o conhecimento sem o temor de Deus? Com certeza é melhor um camponês humilde que serve a Deus do que um filósofo orgulhoso que negligencia o conhecimento de si mesmo. Conhecer todas as coisas que há no mundo, sem ter caridade, de que serviria isso diante de Deus, que há de julgar segundo as nossas obras?

T. Kempis. In: *A imitação de Cristo.*

"Que Cristo habite no coração de vocês, estando vocês enraizados e alicerçados em amor."
Efésios, 3:17

LEITURA BÍBLICA
PROVÉRBIOS, 18:1-14

Acredite em Deus, em sua presença, porque você merece suas bênçãos e vai aprender como recebê-las e usá-las.
RALPH W. EMERSON

DEIXE A LUZ DE DEUS BRILHAR

LEITURA BÍBLICA
PROVÉRBIOS, 25

"Mas todas estas coisas se manifestam, sendo condenadas pela luz, porque a luz tudo manifesta."
Efésios, 5:13

Compare a ideia que você tinha da alegria antes de se tornar cristão com a apreciação dessa alegria depois que se tornou cristão, e você atestará que nunca, nos dias de sua escravidão espiritual, teve sequer noção do que estava por vir. Hoje, você pode falar a respeito das descobertas que fez sobre a misericórdia, a graça e a bondade de Deus.

T. de Witt Talmage. In: *Sermões do Novo Tabernáculo.*

13 JAN

CULTIVE A GRATIDÃO

Sempre que pensar em seu dever para com Deus ou para com os humanos, pense apenas nestas palavras: que devemos tudo a um Pai que mostrou o que Ele é naquele Filho – cheio de bondade, perfeitamente amoroso, misericordioso, justo. Então, você sentirá que os mandamentos de Deus não são penosos, porque são os mandamentos de um Pai, e você não os deve cumprir por medo, mas sim por gratidão, honra, afeição, respeito e confiança.

Charles Kingsley. In: Sermões para todas as épocas.

"Mas, com a voz do agradecimento, eu te oferecerei sacrifício; o que prometi cumprirei. Ao Senhor pertence a salvação!"
Jonas, 2:9

LEITURA BÍBLICA
SALMOS, 30

 A gratidão consiste em uma atenção cuidadosa e minuciosa às particularidades de nosso estado e à multiplicidade das dádivas de Deus.
HENRY E. MANNING

SIGA ACREDITANDO EM DEUS

Cada vida deve enfrentar os próprios problemas e dificuldades. Cada alma deve passar por suas águas profundas. Mas ninguém precisa ser subjugado nos grandes conflitos da vida, pois aquele que aprendeu o grande segredo de sua identidade com a vida e o Poder Universal habita em uma cidade construída sobre e na Rocha da Verdade, contra a qual as tempestades da vida batem em vão.

Henry T. Hamblin. In: Dentro de você está o poder.

LEITURA BÍBLICA
HEBREUS, 11

"Se somos infiéis, ele permanece fiel, pois de maneira nenhuma pode negar a si mesmo."
2 Timóteo, 2:13

16 JAN

DEUS CUIDA DE NÓS

"O Senhor é a força do seu povo; também é a força salvadora do seu ungido."
Salmos, 28:8

LEITURA BÍBLICA
DEUTERONÔMIO, 12

Em toda parte do Livro de Deus encontramos que Ele tem um desejo supremo de ajudar o ser humano. Quando mais precisamos de ajuda, as palavras são mais doces do que o favo de mel. Se Ele se importasse apenas com o grande, o esplêndido, o magnífico, o robusto e o eterno, então Ele seria muito parecido conosco.

PARKER, Joseph. In: KLEISER, Grenville (org.). Os grandes sermões do mundo. v. 7.

 Aquele por quem 'todos os cabelos de nossa cabeça estão contados' dirige tudo o que nos acontece na vida, em perfeita sabedoria e amor, para o bem-estar de nossas almas.
E. B. PUSEY

CAMINHE PELA VIA ESTREITA

LEITURA BÍBLICA
PROVÉRBIOS, 3:1-8

"Entrem pela porta estreita, pois larga é a porta e amplo o caminho que leva à perdição [...] e apertado o caminho que leva à vida!"
Mateus, 7:13-14

É preciso dar o passo da fé e, assim, entrar no caminho para o céu. Será uma coisa horrível ficar do lado de fora do portão da vida, quase salvo, mas perdido! Alguém que estivesse do lado de fora da arca de Noé seria afogado, e o que estivesse a um metro de Cristo, mas não confiasse n'Ele, estaria perdido. Que o Espírito Santo possa fazer Sua voz onipotente ser ouvida, criando fé imediatamente!

Charles Spurgeon. In: Em torno do portão de entrada.

17 JAN

MANTENHA A ALEGRIA DE DEUS

Comece a se regozijar no Senhor, e os seus ossos florescerão como uma erva, e a suas face brilhará com a flor da saúde e da frescura. Preocupação, medo, desconfiança, cuidado, todos são venenosos! A alegria é bálsamo e cura, e se você se alegrar, Deus dará a você o Seu poder. Quando Deus quer trazer mais poder para nossas vidas, Ele traz mais pressão, de modo que Ele possa gerar força espiritual para você realizar suas tarefas.

A. B. Simpson

"Cria em mim, ó Deus, um coração puro, e renova em mim um espírito reto."
Salmos, 51:10

LEITURA BÍBLICA
SALMOS, 51

Santifica, Senhor, nossas almas, corpos e espíritos, e expulsa de nós todo pensamento mau, todo desejo vil, toda inveja e orgulho, toda ira e cólera e tudo o que for contrário à Tua santa vontade.
LITURGIA DE SÃO TIAGO

SAIBA CONTORNAR DIFICULDADES

Você possui um poder ilimitado, do Espírito. Não é o poder da vida comum, ou da vontade finita, ou da mente humana. Ele os transcende porque, sendo espiritual, é de uma ordem mais elevada do que a física ou mesmo a mental. É de Deus, mas não lhe é revelado, até que você esteja apto a recebê-lo. Quando uma pessoa percebe sua unidade com a Fonte Divina é que ela se torna plena de Seu poder.

Henry T. Hamblin. In: *Dentro de você está o poder.*

LEITURA BÍBLICA
RUTE, 1

"O Senhor é bom, é fortaleza no dia da angústia e conhece os que nele se refugiam."
Naum, 1:7

20 JAN

CONFIE NO SENHOR

"E Jesus, respondendo, disse-lhes: Tende fé em Deus."
Marcos, 11:22

LEITURA BÍBLICA
2 CORÍNTIOS, 12

Estamos muito ocupados com os próprios afetos e ansiosos demais com coisas transitórias. Raramente vencemos completamente uma única falha ou somos zelosos para crescer diariamente na graça. Se nos esforçarmos para permanecer firmes na batalha, então o Senhor nos ajuda do céu. Ele está sempre pronto a ajudar aqueles que se esforçam e confiam n'Ele, proporcionando ocasiões de luta, a fim de que possam obter a vitória.

T. Kempis. In: A imitação de Cristo.

> Quando Deus está prestes a fazer uma coisa nova e poderosa, Ele sempre coloca Seu povo para orar.
> **JONATHAN EDWARDS**

CÉU NA TERRA

LEITURA BÍBLICA
LUCAS, 11:33-41

"Aqueles que uma vez foram iluminados, provaram o dom celestial, tornaram-se participantes do Espírito Santo."
Hebreus, 6:4

A soma das bênçãos que os redimidos receberão no céu é aquele rio de água da vida que procede do trono de Deus e do Cordeiro, aqueles rios de água viva explicados no Livro de João. É pela participação no Espírito Santo que eles têm comunhão com Cristo em sua plenitude. Deus deu o Espírito, e eles recebem graça. Essa é a soma da herança dos santos. O pouco do Espírito Santo que os crentes têm neste mundo é sua herança.

Jonathan Edwards. In: Sermões selecionados de Jonathan Edwards.

21 JAN

VIVA SERVINDO A DEUS

22 JAN

O que é o reino de Cristo? Um governo de amor, de verdade, de serviço, em que o Rei é o principal servo. Aquele que quiser ser o maior e chegar mais perto do Rei deve ser o servo de todos. A lição de Lucas é: "Quem for o menor entre todos vós, esse será grande". E Mateus diz: "Todo aquele que se humilhar como uma criancinha, esse é o maior no reino dos céus".

George MacDonald. In: Sermões não proferidos.

"Exalta-te sobre os céus, ó Deus, e a tua glória sobre toda a terra."
Salmos, 108:5

 **LEITURA BÍBLICA**
ESDRAS, 9

 Em qualquer lugar e em toda parte, podemos morar com o Rei para Sua obra. Ele que nos coloca lá, virá e habitará lá conosco.
FRANCES RIDLEY HAVERGAL

LOUVE AO SENHOR

Deus é glorioso, o Altíssimo que faz maravilhas. Sua glória está acima da Terra e dos céus. Deus é o Rei da glória, o Senhor forte e poderoso, uma rocha e uma torre alta. O Deus eterno é nosso refúgio, e debaixo dele há braços eternos. Infinitamente santo, bom e misericordioso, nosso Deus se deleita na misericórdia. Sua graça é infinita e dura para sempre. Ele é o próprio amor.

Jonathan Edwards. In: Sermões selecionados de Jonathan Edwards.

 **LEITURA BÍBLICA**
SALMOS, 107

"Louvai ao Senhor, porque é bom cantar louvores ao nosso Deus, porque é agradável; decoroso é o louvor."
Salmos, 147:1

23 JAN

24 JAN

O CÉU SERÁ SUA MORADA

"Exalta-te sobre os céus, ó Deus, e a tua glória sobre toda a terra."
Salmos, 108:5

 **LEITURA BÍBLICA**
SALMOS, 99

Há acomodações no céu para grandes e pequenos, altos e baixos, ricos e pobres, sábios e insensatos, pessoas de todas as condições, fracas ou fortes. Há no céu uma morada adequada para toda criatura que der ouvidos aos apelos do Evangelho. Qualquer um que venha a Cristo, seja qual for a sua condição, verá que Ele não deixará de providenciar um lugar para ele no céu.

Jonathan Edwards. In: Sermões selecionados de Jonathan Edwards.

 A fé dá origem à oração, fortalece, aprofunda, eleva o ser humano nas lutas e nos combates de poderosas petições.
EDWARD M. BOUNDS

ELE PERDOA NOSSOS PECADOS

LEITURA BÍBLICA
ATOS, 13

"Porque o Filho do homem veio buscar e salvar o que se havia perdido."
Lucas, 19:10

Seu nome é Jesus, porque "ele salvará o seu povo dos pecados deles". Ele foi exaltado nas alturas "para dar o arrependimento e a remissão dos pecados". Desde a Antiguidade, Deus concebeu um método de salvação contido em Seu Filho unigênito, que se tornou humano para realizar essa salvação, e sendo encontrado na forma de ser humano tornou-se obediente até a morte, sim, a morte de cruz.

Charles Spurgeon. In: Em torno do portão de entrada.

25 JAN

APRENDA A PERDOAR

Uma pessoa diz: "Eu perdoo, mas não consigo esquecer. Que o sujeito nunca mais apareça em minha frente". Outra pessoa diz: "Suponho que devo perdoá-lo, pois se eu não o perdoar, Deus não me perdoará". Essa pessoa está um pouco mais próxima da verdade. É o perdão divino que cria o nosso perdão. Deus pode pegar todos os nossos erros, pequenos e grandes, e levá-los para longe de nós. Cristo é o perdão de Deus.

George MacDonald. In: Sermões não proferidos.

26 JAN

"Não julguem e vocês não serão julgados; não condenem e vocês não serão condenados; perdoem e serão perdoados."
Lucas, 6:37

LEITURA BÍBLICA
MARCOS, 7: 20-23

 Que vocês possam ser iluminados e salvos com a luz da vida de Deus.
JOHN HALL

PURIFIQUE SUA ALMA

As pessoas que mais fizeram por Deus neste mundo se ajoelhavam logo pela manhã. Se Deus não estiver em primeiro lugar em nossos pensamentos e esforços pela manhã, Ele estará em último lugar no restante do dia. Os discípulos faziam isso todos os dias. Deus dá aos corações dos que o buscam a mais doce e completa revelação, e essa força da fé os torna santificados.

Edward Bounds. In: Poder por meio da oração.

LEITURA BÍBLICA
JOÃO, 3:25-36

"Chegai-vos a Deus, e ele se chegará a vós. Limpai as mãos, pecadores; e, vós de duplo ânimo, purificai os corações."
Tiago, 4:8

27 JAN

28 JAN

PERMANEÇA NA FÉ

No topo da lista de coisas que a Bíblia ensina está a doutrina da fé. O lugar de grande importância que a Bíblia dá à fé é muito claro. Um cristão logo concluirá que a fé é muito importante para a alma. Sem fé é impossível agradar a Deus. A fé dará qualquer coisa, levará a qualquer lugar no Reino de Deus, mas sem fé não pode haver aproximação a Deus, nem perdão, libertação, salvação, comunhão ou vida espiritual alguma.

A. W. Tozer. In: A busca de Deus.

"Porque, assim como o corpo sem o espírito está morto, assim também a fé sem obras é morta."
Tiago, 2:26

LEITURA BÍBLICA
TITO, 2

 Quando uma pessoa se confessa, há um ponto de união entre ela e Deus, e essa união garante a bênção.
CHARLES H. SPURGEON

---

29 JAN

BUSCAI O SENHOR

Devemos buscar o Senhor por meio de uma oração sincera e crente. Deus não é um autocrata ou um déspota sentado em um trono, mas sim um pai sentado em um caramanchão, esperando que Seus filhos venham e subam em Seu joelho, e recebam Seu beijo e Sua bênção. A oração é o cálice com o qual vamos até a "fonte de água viva" e buscamos refrigério para nossa alma sedenta.

T. de Witt Talmage. In: Sermões do Novo Tabernáculo.

LEITURA BÍBLICA
SALMOS, 63

"Confiai nele, ó povo, em todos os tempos; derramai perante ele o vosso coração. Deus é o nosso refúgio."
Salmos, 62:8

30 JAN

CONFIE NO BOM PASTOR

A vida nunca será tão boa, a menos que tenhamos fé para saber que Deus é o nosso guardião e que, portanto, não temos nada a temer, nunca seremos uma luz neste mundo sombrio, como Deus quer que sejamos. Somente os que aprendem a doce lição da confiança em Deus e sabem que Ele cuida são verdadeiramente felizes, livres e capazes de animar os outros.

Charles Ebert Orr. In: Como viver uma vida santificada.

"Posso todas as coisas em Cristo que me fortalece."
Filipenses, 4:13

📖 **LEITURA BÍBLICA**
MATEUS, 25

"Deus é o pastor e encarregou-se de cuidar de vocês e guardá-los, como um encarregado de cuidar e guardar suas ovelhas."
HENRY WESTON SMITH

RENOVE SUA ALEGRIA DA SALVAÇÃO

Se o Fiador suportou a dívida, então não é preciso pagá-la. Ao aceitar Cristo Jesus como salvador, aceita-se uma completa isenção de responsabilidade. Esta é a base da segurança do pecador que crê em Jesus: ele vive porque Jesus morreu em seu lugar. Você quer que Jesus Cristo seja seu Fiador? Se sim, você está livre. "Aquele que nele crê não é condenado".

Charles Spurgeon. In: Em torno do portão de entrada.

📖 **LEITURA BÍBLICA**
1 JOÃO, 2

"Deus prova o seu amor para conosco, em que Cristo morreu por nós, sendo nós ainda pecadores."
Romanos, 5:8

31 JAN

"Acreditar na palavra de Deus é considerar a Bíblia verdadeira."

A. W. Tozer. In:
À procura de Deus

01 FEV

> "Clama a mim, e responder-te-ei, e anunciar-te-ei coisas grandes e firmes que não sabes."
> *Jeremias, 33:3*

CLAME A DEUS, E ELE RESPONDERÁ

Algumas pessoas recorrem a Cristo quando são tomadas por um grande horror em função da descoberta da própria culpa. Não é a terrível penalidade que ameaça os impenitentes, que os assombra e aterroriza. Tampouco sua angústia é causada principalmente pela consciência do mal moral. Elas temem a penalidade, e são humilhadas e envergonhadas pelo contraste entre a bondade ideal e a própria vida moral e espiritual, mas o que as tortura, as afunda em desespero, é sua culpa – culpa por seus pecados passados e por sua pecaminosidade atual.

As coisas más que uma pessoa fez não podem ser desfeitas. Mas elas podem ser perdoadas por meio de Cristo, e assim a corrente de ferro que as prendia, de modo a tornar a culpa delas eterna, será quebrada diante de Deus e da consciência delas, e elas não serão mais culpadas de nada. Esse é o mistério cristão da justificação, que, de acordo com o apóstolo Paulo, é "o poder de Deus para a salvação de todo aquele que crê".

DALE, Robert William. In: KLEISER, Grenville (org.). *Os grandes sermões do mundo*. v. 7.

PENSAMENTO DO DIA

Procure saber para que Deus o enviou ao mundo, se você ainda é o que Deus desejou que fosse, ou o que ainda lhe falta, qual é a vontade de Deus para você agora, o que você pode fazer para obter Seu favor e aprovar-se a Ele.

E. B. Pusey

 REFLEXÕES

 LEITURA BÍBLICA
SALMOS, 56

PEÇA A GRAÇA DE DEUS

02 FEV

Pegue um pecado e, pela graça de Deus, arranque-o pela raiz. Tenha o firme propósito de eliminar totalmente esse pecado ou inclinação pecaminosa até que não reste nada dele. Procure a ajuda de Deus para não apenas erradicar esse pecado, mas também para obter, com essa mesma ajuda, a graça. Se você for tentado a se irritar, esforce-se para ser muito manso, e mesmo se for orgulhoso, procure ser muito humilde.

E. B. Pusey

"Segui a paz com todos, e a santificação, sem a qual ninguém verá o Senhor."
Hebreus, 12:14

LEITURA BÍBLICA
1 TESSALONICENSES, 4:3-7

 "A maioria das grandes verdades de Deus aprendemos nas dificuldades; elas precisam ser gravadas em nós com o ferro quente da aflição para as recebermos de fato."
CHARLES SPURGEON

PRATIQUE SEMPRE O BEM

LEITURA BÍBLICA
ROMANOS, 8:31-39

Com simpatia, consideração, caridade, altruísmo, amor ao próximo, em obediência à regra de ouro de "fazer aos outros o que gostaríamos que fizessem a nós", podemos acabar com o domínio da tristeza sobre os corações humanos. Toda a negligência, todo o insulto, todo o cansaço, todo o desapontamento e toda a ingratidão podem ser eliminados se formos ativos na prática do bem.

FARRAR, Frederick William. In: KLEISER, Grenville (org.). Os grandes sermões do mundo. v. 7.

"Que haja em vós o mesmo sentimento que houve em Cristo Jesus."
Filipenses, 2:5

03 FEV

04 FEV

> "Esta é a promessa que ele nos fez: a vida eterna."
> 1 João, 2:25

LEITURA BÍBLICA
LUCAS, 10:25-28

CAMINHE PARA A ETERNIDADE

Temos apenas uma vida para viver, apenas uma. Pense nisso por um momento. Estamos fazendo uma jornada. A cada dia estamos mais longe do berço e mais perto do túmulo. Alguns estão apenas começando a jornada da vida, outros estão no meio da colina, outros chegaram ao topo, e outros estão no meio. Mas, para onde todos nós estamos indo? Ouça e você ouvirá apenas uma resposta: "Eternidade".

Charles E. Orr. In: Como viver uma vida santificada.

> "O que distingue o ser humano é o fato de ele ser como Deus. Ele e Deus são iguais. Nesse aspecto, ele difere de toda a criação."
> **S. D. GORDON**

LEITURA BÍBLICA
JÓ, 28:12-22

> "Filho meu, não se apartem estas coisas dos teus olhos: guarda a verdadeira sabedoria."
> Provérbios, 3:21

DEUS DÁ CONHECIMENTO

A sabedoria consiste de duas partes: conhecer tanto a Deus quanto a nós mesmos. Embora esses dois ramos do conhecimento estejam tão intimamente ligados, não é fácil descobrir qual deles precede e produz o outro. Os talentos que possuímos não vêm de nós mesmos, e as bênçãos, destiladas até nós por gotas do céu, formam riachos que nos conduzem à fonte, o conhecimento de Deus.

João Calvino. In: Institutas da religião cristã.

MEDITE NA PALAVRA DE DEUS

06 FEV

Você fará progresso na vida espiritual se conseguir controlar a ansiedade que está sempre passando pela mente. Sem dúvida, você não pode evitar que esses pensamentos surjam, mas pode evitar se deter neles. Pode deixá-los de lado, controlar a irritação ou os anseios terrenos que os alimentam e, pela prática desse controle, alcançar o espírito de silêncio interior que leva a alma a ter uma relação íntima com Deus.

Jean N. Grou

"Pedi, e dar-se-vos-á; buscai, e encontrareis; batei, e abrir-se-vos-á."
Mateus, 7:7

 **LEITURA BÍBLICA**
TIAGO, 1:5-8

 "A oração que não consegue moderar o desejo, transformar a expectativa ansiosa e tumultuada em entrega silenciosa, não é uma oração verdadeira."
FREDERICK W. ROBERTSON

JAMAIS PERCA A ESPERANÇA

Pode ser que você tenha perdido a esperança. Pode parecer que todo o seu vigor moral tenha se esvaído e que nada poderá restaurá-lo. A maré estava baixando lentamente, e éramos impotentes para fazer as águas recuarem, mas depois de orarmos, ela parou de baixar. Depois, começou a fluir e as águas saudáveis renovaram a energia e a alegria da vida.

DALE, R.W. In: KLEISER, G. (org.). *Os grandes sermões do mundo. v. 7.*

 **LEITURA BÍBLICA**
MATEUS, 25:1-13

"Mas os que esperam no Senhor renovarão as forças, subirão com asas como águias; correrão, e não se cansarão; caminharão, e não se fatigarão."
Isaías, 40:31

07 FEV

08 FEV

APROXIME-SE DE DEUS

"Clama a mim, e responder-te-ei, e anunciar-te-ei coisas grandes e firmes que não sabes."
Jeremias, 33:3

 **LEITURA BÍBLICA**
SALMOS, 80

Homens e mulheres do passado clamavam por Deus, oravam e O buscavam dia e noite, e quando O encontravam, a descoberta era doce por causa da longa busca. Moisés usou o fato de que conhecia a Deus para se aproximar, e fez o ousado pedido: "Rogo-te que me mostres a tua glória". Deus ficou satisfeito com essa demonstração de fé e, no dia seguinte, chamou Moisés ao monte e fez que toda a Sua glória surgisse diante dele.

A. W. Tozer. In: À procura de Deus.

 "Deus nunca se apressa. Não há prazos contra os quais Ele deva trabalhar. Só o fato de sabermos disso já acalma nosso espírito e relaxa nossos nervos."
A. W. TOZER

PERSISTA EM LER

 **LEITURA BÍBLICA**
2 TIMÓTEO, 3:15-17

"Lâmpada para os meus pés é tua palavra, e luz para o meu caminho."
Salmos, 119:105

Busque o Senhor por meio do estudo da Bíblia. "Ah", você diz, "ela foi feita há centenas de anos". Digo que ela não tem cinco minutos de idade, porque Deus, por meio de Seu abençoado Espírito, a retraduz para o coração. Ao buscar o caminho da vida pelo estudo das Escrituras, ore para que a luz de Deus incida sobre elas, e verá que Suas promessas não são ultrapassadas, mas caem diretamente do trono de Deus em seu coração.

Thomas de Witt Talmage. In: Sermões do Novo Tabernáculo.

09 FEV

UM LUGAR RESERVADO NO CÉU

10 FEV

Cristo se refere a diferentes graus de glória no texto "Na casa de meu pai há muitas moradas". Quando estava indo para o céu e os discípulos estavam tristes com a ideia de se separarem do Senhor, Ele lhes disse que há moradas de vários graus de honra na casa de Seu Pai, que não há apenas um para o Cabeça da Igreja e o irmão mais velho, mas também para seus discípulos e irmãos mais novos.

Sermões selecionados de Jonathan Edwards.

"Nossa cidade está nos céus, de onde também esperamos o Salvador, o Senhor Jesus Cristo."
Filipenses, 3:20

LEITURA BÍBLICA
MATEUS, 25:14-30

 Que o Senhor os guarde pelo seu grande poder por meio da fé! Ele lhes confiou muitos talentos. Utilize-os até que ele venha!
F. WHITEFIELD

CRISTO SANTIFICA

O Filho de Deus não queria ser visto e encontrado no céu. Por isso, ele desceu do céu para essa humildade e veio até nós em nossa carne, colocou-se no ventre de sua mãe e na manjedoura e foi para a cruz. Essa foi a escada que Ele colocou na Terra para que pudéssemos subir a Deus por ela. Esse é o caminho que você deve seguir.

Martinho Lutero

LEITURA BÍBLICA
COLOSSENSES, 1:9-12

"O que semeia na sua carne, da carne ceifará a corrupção; mas o que semeia no Espírito, do Espírito ceifará a vida eterna."
Gálatas, 6:8

11 FEV

12 FEV

GRATIDÃO A DEUS

"Eu te louvarei, Senhor, com todo o meu coração; contarei todas as tuas maravilhas."
Salmos, 9:1

LEITURA BÍBLICA
1 TESSALONICENSES, 5:16-18

Desde nossa infância, Deus tem colocado Suas mãos paternais sobre nós, e sempre em bênçãos. O coração batendo com uma pulsação de gratidão desperta uma conversa diária com nosso Pai – Ele falando conosco por meio da concessão das bênçãos, e nós com Ele por ações de graças. Toda a nossa vida é atraída para a luz, preenchida com alegria, serenidade e paz que somente os corações agradecidos podem conhecer.

Sermões de H. E. Manning.

> "A vida mais santa é aquela em que há menos petição e desejo, e mais espera em Deus."
> F. W. ROBERTSON

GRAÇA SALVADORA

LEITURA BÍBLICA
ROMANOS, 5:7-8

"Deus amou o mundo de tal maneira que deu o seu Filho unigênito, para que todo aquele que nele crê não pereça, mas tenha a vida eterna."
João, 3:16

O Senhor decidiu nos redimir e, por isso, enviou Seu Filho unigênito para vir a este mundo e tomar sobre Si a natureza humana. Após trinta anos ou mais de obediência, chegou o momento em que Ele nos prestou o maior serviço de todos, ou seja, ficar em nosso lugar e suportar "o castigo da nossa paz". Ele foi para o Getsêmani e lá o pregaram à cruz para morrer em nosso lugar.

Charles Spurgeon. In: Em torno do portão de entrada.

13 FEV

O PAI NOS AMA

14 FEV

Alguns substantivos da língua do Éden – a língua de Deus – Ele soletrou. Escreveu pureza, a vida natural; obediência, a harmonia rítmica; paz, a doce música; poder, o domínio e a maestria; e amor, o coração palpitante, em letras grandes e brilhantes. Assim o amor foi escrito. Ele usou letras conhecidas e traçou cada uma delas em um vermelho intenso, com uma nova grafia: s-a-c-r-i-f-í-c-i-o.

S. D. Gordon. In: Conversas tranquilas sobre Jesus.

"O amor seja não fingido. Aborrecei o mal e apegai-vos ao bem."
Romanos, 12:9

LEITURA BÍBLICA
1 CORÍNTIOS, 13:4-8

 O autossacrifício é a essência da virtude. As virtudes mais meritórias são as que custaram o maior esforço para serem alcançadas.
A. SYLVAIN

AÇÃO DE GRAÇAS

Em uma vida mais santa há menos petição e desejo, e mais espera em Deus, com a petição mais frequente se transformando em ação de graças. Ore até esquecer seu desejo e fazer a vontade de Deus. A sabedoria divina não nos deu a oração só como meio de obtermos coisas boas, mas também um modo de aprendermos a passar sem elas, não um meio de escaparmos do mal, mas de nos tornarmos fortes para enfrentar as adversidades.

Sermões de Frederick W. Robertson.

LEITURA BÍBLICA
SALMOS, 62

"O Senhor encaminhe os vossos corações no amor de Deus, e na paciência de Cristo."
2 Tessalonicenses, 3:5

15 FEV

16 FEV

FAÇA O BEM

"Portanto, quer comais quer bebais, ou façais outra coisa qualquer, fazei tudo para a glória de Deus."
1 Coríntios, 10:31

LEITURA BÍBLICA
SALMOS, 34:14-22

Se Deus ouvir, e Ele certamente ouvirá, se sua oração for sincera, que alegria em seu coração, que paz em seu semblante, que doçura permeará toda a sua vida! Que este único pensamento ocupe sua mente: fazer bem o que foi dado a fazer, pois isso é tudo o que Deus requer de suas mãos. Isso pode ser resumido em quatro palavras: simplesmente, zelosamente, alegremente, completamente.

A. Sylvain. In: *Conselhos de ouro para a santificação da vida.*

> Deus firmará o teu coração. Olhe para cima e ponha sua confiança no Senhor.
> G. WHITEFIELD

BENDIGA AO SENHOR

LEITURA BÍBLICA
SALMOS, 101

"Eu louvarei ao Senhor segundo a sua justiça, e cantarei louvores ao nome do Senhor altíssimo."
Salmos, 7:17

Deus é infinito e eterno, de eternidade a eternidade, a fonte, a coroa e o destino de todo o Universo. Nossa oração deve ser para que o pensamento de Deus, o significado de Deus, a glória de Deus, os planos e o propósito de Deus possam se expandir em nossa compreensão até que nós, que agora vemos em um espelho, obscuramente, possamos ver face a face.

H. E. Fosdick. In: *Cristianismo e progresso.*

17 FEV

O CÉU É NOSSO LAR

18 FEV

O céu foi construído e preparado para uma grande multidão. Quando Deus o criou, no princípio do mundo, Ele o destinou a ser uma morada eterna para uma inumerável multidão. O céu foi planejado para acomodar todas as pessoas específicas que Deus havia planejado salvar desde a eternidade. Mateus, 25:34: "Vinde, benditos [de meu Pai, herdai o Reino] preparado para vós [desde a fundação do mundo]".

Sermões selecionados de Jonathan Edwards.

"Pensai nas coisas que são de cima, e não nas que são da terra."
Colossenses 3:2

LEITURA BÍBLICA
SALMOS, 124

> O Senhor está ao redor dos que O buscam. Eles têm a promessa de que no mundo vindouro habitarão para sempre na gloriosa presença de Deus.
> *J. EDWARDS*

AMEM O DESÍGNIO DO SENHOR

LEITURA BÍBLICA
JOSUÉ, 1:6-9

Quem já leu sobre a ovelha perdida ou o filho pródigo encontrado, mesmo que não tivesse esse testemunho, ousaria dizer que esse não é o caminho divino? O regozijo no céu é maior por causa da ovelha que vagou mais longe. Por essa ovelha pródiga, o irmão mais velho no céu ora da seguinte forma: "Senhor, pensa mais no meu pobre irmão do que em mim, pois eu te conheço e estou descansado em ti. Estou sempre com você".

G. MacDonald. In: Sermões não proferidos.

"A graça de nosso Senhor Jesus Cristo seja com o vosso espírito."
Filemom, 1:25

19 FEV

20 FEV

DO SENHOR VEM A FORÇA

Faze-nos filhos da tranquilidade e herdeiros da paz. Acenda em nós o fogo do Teu amor, fortaleça nossa fraqueza com o Teu poder, ligue-nos intimamente a Ti e uns aos outros em um firme vínculo de unidade. Perdoa-nos nossas ofensas e transgressões. Purifica-nos com a Tua verdade, e dirige nossos passos para que andemos em santidade de coração e façamos o que é bom e agradável à Tua vista.

J. M. Potts. In: Orações da Igreja Primitiva.

"Amados, se o nosso coração não nos condena, temos confiança para com Deus."
1 João, 3:21

LEITURA BÍBLICA
JEREMIAS, 17:5-13

 A Bíblia dá quatro nomes aos cristãos: santos, por sua santidade; crentes, por sua fé; irmãos, por seu amor; discípulos, por seu conhecimento.
T. FULLER

ANDE NO BOM CAMINHO

Temos o prenúncio real de avivamento detectado no horizonte religioso. Pode ser o que alguns santos aqui e ali estão procurando. Pode resultar em uma ressurreição da vida para muitas almas e em uma recaptura desta maravilha radiante que deveria acompanhar a fé em Cristo: provar a "doçura penetrante" do amor de Cristo, sobre quem todos os santos profetas escreveram e os salmistas cantaram.

John Donne. In: Devoções para ocasiões emergentes.

LEITURA BÍBLICA
SALMOS, 112

"A lei do Senhor é perfeita, e refrigera a alma; o testemunho do Senhor é fiel, e dá sabedoria aos símplices."
Salmos, 19:7

21 FEV

É DIFÍCIL ESPERAR

22 FEV

Ficar parado porque a necessidade nos obriga, esforçando-nos para viver a admoestação do salmista: "Descansa no Senhor e espera nele com paciência", é bastante difícil. Ninguém pode fazer isso sem fé. "Na vossa paciência", disse Jesus, "ganhareis as vossas almas" (Lucas, 21:19), conquista que não é uma questão de lógica, mas sim um empreendimento de fé triunfante.

H. E. Fosdick. In: O sentido da fé.

"Sabendo que a prova da vossa fé opera a paciência."
Tiago, 1:3

LEITURA BÍBLICA
SALMOS, 27

Quando os cristãos são insultados, eles abençoam; quando são perseguidos, eles sofrem com mansidão e paciência. Esse é o verdadeiro espírito de piedade.
CHARLES E. ORR.

CONFIE NO SENHOR

Deus não concede graça até que chegue a hora da provação. Quando ela chegar, a quantidade de graça especial necessária estará garantida. Não antecipe as tristezas vindouras nem se preocupe com a graça necessária para emergências futuras. O dia de amanhã trará a graça prometida para vencer as provações. Desejando manter Seu povo humilde e dependente dele, Deus não dá um estoque de graça.

John R. Macduff. In: O promitente fiel.

LEITURA BÍBLICA
JOSUÉ, 23:14-16

"Não veio sobre vós tentação, senão humana; mas fiel é Deus, que não vos deixará tentar acima do que podeis."
1 Coríntios, 10:13

23 FEV

24 FEV

VIVA COM FÉ

"E Jesus disse-lhe: se tu podes crer, tudo é possível ao que crê."
Marcos, 9:23

 **LEITURA BÍBLICA**
HEBREUS, 11

Se fosse possível, de alguma forma, viver sem fé, todo esse assunto poderia ser tratado como uma questão de interesse curioso. A fé é uma necessidade essencial em toda a vida humana. Há certos elementos básicos no ser humano que tornam impossível viver sem fé, conforme sugeridos na Epístola aos Hebreus, que, melhor do que qualquer outro livro da Bíblia, apresenta a fé como uma atitude humana inevitável.

Harry E. Fosdick. In: O significado da fé.

 A leitura espiritual revigora o intelecto, aquece os afetos e gera em nós um desejo pela plenitude de Deus e por uma vida mais celestial.
CHARLES E. ORR

O SENHOR CUIDA

LEITURA BÍBLICA
JOÃO, 14:26-27

"Lançando sobre ele toda a vossa ansiedade, porque ele tem cuidado de vós."
1 Pedro, 5:7

Ó Jesus, como esse nome alegra meu coração! Meu Pai! Não posso mais me sentir sozinho e, independentemente do que possa acontecer comigo hoje, sinto que estou protegido, confortado e amado. Não preciso levantar os olhos para o céu, porque o Senhor está dentro de mim, e onde o Senhor habita deve estar o céu. Sim, com toda a sua paz e amor. Meu dia será de alegria celestial.

A. Sylvain. In: Conselhos de ouro para a santificação da vida.

SALVAÇÃO PELA GRAÇA DE DEUS

Um pobre pecador penitente, carregado de impurezas, veio ao Senhor Jesus, buscando humildemente Seu favor e Sua graça. O que acontece agora? O que as Escrituras nos dizem sobre esse acontecimento? Elas nos dizem que o Salvador cobre o pecador com o manto de Sua justiça. O Senhor coloca Seus méritos sobre o pecador que não tem méritos. Ele coloca Sua obediência sobre o pecador que não tem nada além de um registro de desobediência. Ele coloca Suas conquistas espirituais sobre o pecador que não tem nada além de terríveis derrotas. Ele coloca Sua santidade para o pecador que foi assolado por impurezas. Essa é a proclamação do Evangelho. Esse pobre pecador penitente e crente está agora diante do diabo, dos homens e dos anjos, e diante da presença de Deus, revestido da justiça de Cristo! Mas, em todas as suas imperfeições? Sim. Em todas as suas fraquezas? Sim. Com as marcas abrasadoras do fogo do inferno ainda sobre ele? Sim. Ele está coberto com o manto da justiça de Cristo. Ele usa os méritos, a força e as defesas da obediência do Senhor.

John H. Jowett. In: A integral armadura de Deus.

26 FEV

"Mas, sobretudo, tende ardente amor uns para com os outros; porque o amor cobrirá a multidão de pecados."

1 Pedro, 4:8

PENSAMENTO DO DIA

Acredito que o mais feliz de todos os cristãos e o mais verdadeiro é aquele que nunca ousa duvidar de Deus, mas aceita Sua Palavra simplesmente como ela é. Acredite nela, e não faça perguntas, sentindo-se seguro de que, se Deus disse, assim será.

Charles Spurgeon

REFLEXÕES

LEITURA BÍBLICA
SALMOS, 32

27 FEV

TUDO É POSSÍVEL AO QUE CRÊ

> "Jesus, porém, olhando para eles, disse: Para os homens é impossível, mas não para Deus, porque para Deus todas as coisas são possíveis."
> *Marcos, 10:27*

PENSAMENTO DO DIA

A fé nos salva porque nos apega a Cristo Jesus, e ele é um com Deus, portanto, conecta-nos a Deus.

Charles Spurgeon

 **REFLEXÕES**

_____
_____
_____
_____
_____

Não podemos ter confiança sem alguma crença, mas podemos, infelizmente, ter crença sem nenhuma confiança. Agora, uma pessoa que acredite nas doutrinas que sustentam a vida cristã, mas que não confie em quem originou essas doutrinas perdeu a noção do significado da fé. Ela é como alguém que guarda uma carta de apresentação a uma grande personalidade, mas nunca a usou. "Eu acredito em todas as verdades cristãs", diz uma pessoa, e surge a curiosa pergunta: "como essas crenças chegaram a ela?". Elas podem ter sido entregues a ela por seus antepassados, como um conjunto de joias de família que ela guarda em algum cofre e, em dias de festa, as usa. O Evangelho em seu centro não é uma série de proposições, mas um relacionamento concreto e pessoal aberto entre a alma e o Divino, com base no qual novos poderes, alegrias e possibilidades fluem gloriosamente para a vida humana. Esse sempre foi o segredo da estabilidade da fé nas pessoas que entraram em comunhão pessoal com Deus. Até sobre os primeiros discípulos foi dito: "Às vezes, eles teriam dificuldade para dizer em que acreditavam, mas sempre poderiam dizer em quem acreditavam".

Harry E. Fosdick. In: O significado da fé.

 **LEITURA BÍBLICA**
LUCAS, 1:34-38

É DEUS QUEM NOS SUSTENTA

28 FEV

A Bíblia não é um fim em si mesma, mas um meio de levar as pessoas a um conhecimento íntimo e satisfatório de Deus, para que possam entrar n'Ele, para que possam se deleitar em Sua presença, para que possam saborear e conhecer a doçura interior do próprio Deus no âmago e no centro de seus corações. Buscamos Deus porque, e somente porque, Ele primeiro colocou um impulso dentro de nós que nos estimula a buscar. "Ninguém pode vir a mim", disse nosso Senhor, "a não ser que o Pai que me enviou o atraia", e é por meio dessa atração preventiva que Deus tira de nós todo o crédito pelo ato de vir. O impulso de buscar a Deus se origina em Deus, mas o resultado desse impulso é seguirmos com afinco a Ele; e durante todo o tempo em que O buscamos, já estamos em Suas mãos: "Tua mão direita me sustenta".

A. W. Tozer. In: À procura de Deus.

"Guia-me na tua verdade, e ensina-me, pois tu és o Deus da minha salvação; por ti estou esperando todo o dia."
Salmos, 25:5

PENSAMENTO DO DIA

Há um poder oculto no ser humano por meio do qual ele pode atingir coisas mais elevadas e melhores. Há um "eu" maior, que transcende o finito dos sentidos humanos, assim como a montanha se eleva acima da planície.
Henry T. Hamblin

REFLEXÕES

_____
_____
_____
_____
_____
_____

LEITURA BÍBLICA
SALMOS, 18:32-39

"Todos nós devemos servir melhor a Deus, e servir uns aos outros com amor, para vivermos, por assim dizer, no céu."

Richard Sibbes

Março

01 MAR

GRAÇA RESTAURADORA

"Eis que os olhos do Senhor estão sobre os que o temem, sobre os que esperam na sua misericórdia."
Salmos, 33:18

PENSAMENTO DO DIA

Não tema ouvir a voz amigável de Deus, a menos que já tenha decidido resistir a ela. Devemos ficar quietos para esperar em Deus, de preferência lendo a Bíblia. Então, virá a luz e será possível ver e abraçar Jesus Cristo como Salvador.

Ainden W. Tozer

Tropeçando e se desviando pelas montanhas escuras, longe dos olhos do Pastor. Ele não deixará o errante abandonado nos próprios caminhos, e seu coração desobediente seguir sem esperança em sua carreira de distanciamento. "Meus pensamentos", diz Deus, "não são como os seus pensamentos, bem como os seus caminhos não são os meus caminhos". O ser humano diria: "Vá, pereça, apóstata ingrato!". Deus diz: "Voltem, filhos desviados!". O Pastor não permitirá que as ovelhas pereçam, pois Ele as comprou com Seu sangue. Quão maravilhosa é a Sua paciência para com elas – rastreando seus passos e não cessando a perseguição até colocar o errante sobre Seus ombros e retornar com ele ao Seu rebanho, regozijando-se! Por que prolongar o caminho que seu gracioso Pastor tem de percorrer para trazê-la de volta? Não atrase seu retorno! Não se aventure mais em terreno proibido. Ele espera com os braços estendidos para recebê-la mais uma vez em Seu seio. Seja humilde com relação ao passado, confie n'Ele para o futuro. Pense em Sua paciência e encha-se de santa gratidão, pense em Sua graça prometida e "tenha coragem para ser salvo".

John R. Macduff. In: O promitente fiel.

REFLEXÕES

_____
_____
_____
_____
_____
_____

LEITURA BÍBLICA
2 CORÍNTIOS, 7:1-10

O SENHOR NOS APERFEIÇOA

02 MAR

Ao pedir bênçãos, a verdadeira sabedoria está em colocar o assunto nas mãos do Senhor. Ele nos conhece e, se achar que é bom para nós que a água se transforme em vinho, Ele o fará. Quando pedimos prosperidade, talvez devamos ter provação. Quando queremos ser aliviados de um "espinho na carne", Ele dá a compreensão de que Sua graça é suficiente.

William H. Aitken. In: MOODY D. L. Pensamentos para as horas de silêncio.

"Para vós, os que temeis o meu nome, nascerá o sol da justiça, e cura trará nas suas asas."
Malaquias, 4:2

LEITURA BÍBLICA
ECLESIASTES, 12

Nossa salvação está presa com a própria mão de Deus, e a força de Cristo à forte estaca da natureza imutável de Deus.
W. RUTHERFORD

O CAMINHO DA VIDA

Não pense na punição que virá se desobedecer nem na recompensa que virá se obedecer. Deus nos ama e, portanto, o que Ele ordena deve ser bom para nós, absolutamente o melhor, e Ele só dá mandamentos porque é bom para nós, feitos à Sua imagem e, portanto, fazer a vontade de Deus significa o caminho da vida, a única regra pela qual podemos prosperar agora e para sempre.

Charles Kingsley. In: Sermões para todas as épocas.

LEITURA BÍBLICA
MATEUS, 25:30-40

"Devemos suportar as fraquezas dos fracos, e não agradar a nós mesmos."
Romanos, 15:1

03 MAR

04 MAR

GRAÇAS PELA SALVAÇÃO

"Ninguém tem maior amor do que este: de dar alguém a sua vida pelos seus amigos."
João, 15:13

LEITURA BÍBLICA
ATOS, 20:35-38

Se outra forma de libertação tivesse sido possível, a taça da amargura teria passado longe de Jesus. Ele não precisaria morrer para nos salvar se pudéssemos ser resgatados com menos custos. A graça infinita motivou o grande sacrifício, e o amor infinito nos salvou. "Em nenhum outro há salvação, porque também debaixo do céu nenhum outro nome há pelo qual devamos ser salvos".

Charles Spurgeon. In: Em torno do portão de entrada.

Senhor, proteja-nos do perigo. Dê aos Teus anjos a responsabilidade de santificar corpo, alma e espírito, para o dia da redenção.
J. R. MACDUFF

DEUS É NOSSA FORTALEZA

LEITURA BÍBLICA
SALMOS, 37:39-40

"Senhor meu Deus, salva-me segundo a tua misericórdia."
Salmos, 109:26

Na comunhão com Deus o filho mais humilde pode encontrar forças para suportar adversidades e ter esperança. Quando alguém vive próximo a Ele, deixando as portas se abrirem facilmente para deixá-Lo entrar, Ele ilumina a vida com um brilho que um humano por si só não pode ter. "Bem-aventurado o homem que nele se refugia". (Salmos, 34:8).

Harry E. Fosdick. In: O sentido da fé.

05 MAR

06 MAR

DESCANSE NO SENHOR

Um poder está adormecido e oculto dentro de você até que esteja suficientemente evoluído e desenvolvido para que lhe seja confiado seu uso. Quando você, em sua busca pela Verdade, tiver desistido de todo esforço egoísta para obter coisas indignas, tiver deixado de usar sua vontade própria em conflito com a vontade maior do Todo, Deus fará sua unidade com o Infinito.

Henry T. Hamblin. In: Dentro de você está o poder.

"O meu socorro vem do Senhor que fez o céu e a terra."
Salmos, 121:2

LEITURA BÍBLICA
SALMOS, 121

Viva o momento presente, com toda a amplitude e de forma altruísta. Deus revela que você estará na melhor condição para receber o que Ele está pronto para lhe dar.
T. C. UPHAM

UNA-SE A DEUS

A fé sempre unifica, ela nunca divide. E tudo isso tem sua aplicação suprema na relação da alma com Cristo. Um pobre pecador penitente que se aproxima do Senhor pela fé torna-se um com o Senhor, na mais profunda união que a mente humana pode conceber. A fé une a alma a Cristo, assim como o rebento enxertado se torna um com o tronco vital.

John H. Jowett. In: A armadura integral de Deus.

LEITURA BÍBLICA
DEUTERONÔMIO, 7:7-12

"Deus é misericordioso, e não te desamparará, nem se esquecerá da aliança que jurou a teus pais."
Deuteronômio, 4:31

07 MAR

08 MAR

RESPONDA AO CHAMADO DE DEUS

"Estende a tua benignidade sobre os que te conhecem, e a tua justiça sobre os retos de coração."
Salmos, 36:10

LEITURA BÍBLICA
1 JOÃO, 4:9-11

Poucos são os que respondem ao chamado de Deus. Para muitos, o espírito do profeta clama: "Converta-se e mude seu caminho! O reino dos céus está perto de vocês. Deixem que Deus reine, para que a liberdade dele seja a vida de vocês, e vocês, livres. Para que Ele possa entrar, limpem a casa para Ele. Expulsem dela as coisas ruins. Afastem-se do mal e façam o bem".

George MacDonald. In: A esperança do Evangelho.

 Cada cristão deve estar cheio do espírito de Cristo. O cristianismo não é nada se não enfocar o Espírito. A santidade não é nada, exceto se for o fruto do Espírito.
J. MACNEIL

FAÇA A VONTADE DE DEUS

LEITURA BÍBLICA
1 JOÃO, 2:1-11

"Louvai ao SENHOR, porque ele é bom; porque a sua benignidade dura para sempre."
Salmos, 136:1

Que esta seja sua oração: "Mostra-me, Senhor, os Teus caminhos; ensina-me as Tuas veredas". Quando o ego tiver de ser sacrificado, as dificuldades tiverem de ser suportadas e as provações o aguardarem, pergunte com fé simples: "Que queres que eu faça?". Faça a vontade de Deus, e Ele o guiará pelo caminho certo, ainda que seja por meio de dificuldades, cruzes, perdas e privações, até o céu.

J. R. Macduff. In: O promitente fiel.

ORE SEMPRE

Quantas coisas maravilhosas a oração já realizou! A promessa de Deus literalmente cumprida: "Enquanto eles ainda estiverem falando, eu os ouvirei". Oh, alma impenitente, você já experimentou o poder da oração? Deus é amoroso, fiel e paciente. Você acredita nisso? Que você possa agora começar a buscar a Deus com uma oração sincera. Se quiser encontrar o Senhor, deve orar, orar e orar.

T. de Witt Talmage. In: Sermões do Novo Tabernáculo.

"Perseverai em oração, velando nela com ação de graças."
Colossenses, 4:2

LEITURA BÍBLICA
SALMOS, 55

"O verdadeiro cristão deve orar pela saúde de todos os irmãos, 'Orando sempre, com toda súplica no espírito, e vigiando nisso com toda perseverança por todos os santos'.
J. H. JOWETT"

SUPERE OS OBSTÁCULOS

Se a cada ano uma falha fosse tirada de nós, rapidamente alcançaríamos a perfeição. É difícil romper com um hábito, mas é ainda mais difícil ir contra a nossa vontade. Se você não superar obstáculos pequenos e fáceis, como superará os maiores? Resista à sua vontade no início e desaprenda um mau hábito, para que ele não o leve, pouco a pouco, a dificuldades piores.

T. Kempis. In: A imitação de Cristo.

LEITURA BÍBLICA
SALMOS, 9

"Fortifica-te na graça que há em Cristo Jesus."
2 Timóteo, 2:1

12 MAR

DEUS NOS OUVE

"Ele atenderá à oração do desamparado, e não desprezará a sua oração."
Salmos, 102:17

 **LEITURA BÍBLICA**
EZEQUIEL, 11:19-20

A fé é muito necessária para os que não conhecem as coisas espirituais, que parecem perdidos enquanto falamos sobre elas. Mas, oh, como é simples para nós que temos a nova vida e temos comunhão com as realidades espirituais! Temos um Pai a quem falamos, e Ele nos ouve, e um Salvador abençoado que sabe os anseios de nosso coração e nos ajuda em nossa luta contra o pecado.

C. H. Spurgeon. In: Em torno do portão de entrada.

 Quando estamos cansados, mesmo na fadiga Deus vê a possibilidade de grandeza que ainda pode ser desenvolvida e sobrevir na imortalidade.
J. PARKER

LEIA A PALAVRA

LEITURA BÍBLICA
SALMOS, 66

"Bem-aventurados os que guardam os seus testemunhos, e que o buscam com todo o coração."
Salmos, 119:2

Se você quiser, pode se aproximar de Deus e começar a ouvi-Lo falar em seu coração. Então, chegará o momento feliz em que o Espírito começará a iluminar as Escrituras, e o que antes era apenas um som ou, na melhor das hipóteses, uma voz, agora se tornará uma palavra inteligível, calorosa, íntima e clara, como a palavra de um amigo querido.

A. W. Tozer. In: À procura de Deus.

13 MAR

REFLITA A LUZ DE DEUS

Alguns talvez nunca encontrem Jesus, a menos que o vejam em seu rosto. Você, como filho querido de Deus, deve ser uma luz para essas almas. Para iluminar, você deve estar cheio de luz e, para estar cheio de luz, deve estar cheio de fé nas promessas encorajadoras de Deus. Ninguém pode ser alegria, conforto e consolo para o mundo se não estiver brilhando com a luz de Deus.

C. E. Orr. In: Como viver uma vida santificada.

"Resplandeça a vossa luz diante dos homens, para que vejam as vossas boas obras e glorifiquem a vosso Pai, que está nos céus."
Mateus, 5:16

LEITURA BÍBLICA
MATEUS, 5:13-16

A comunhão com Deus está no silenciamento de todo pensamento e na concentração da alma em uma espera pelo alimento que o Pai celestial nos dá.
M. A. KELTY

BUSQUE O ALIMENTO DA ALMA

"Como o cervo anda atrás das correntes de água, assim anda a minha alma atrás de ti, ó Deus. A minha alma tem sede de Deus, do Deus vivo." Devemos ter fome e sede de Deus, e não ficarmos satisfeitos e incentivados a nos contentar com pouco. A religião genuína diz: "A vida eterna é esta: que te conheçam, a ti só, por único Deus verdadeiro, e a Jesus Cristo, a quem enviaste".

A. W. Tozer. In: À procura de Deus.

LEITURA BÍBLICA
ECLESIASTES, 9

"Porque somos feitura sua, criados em Cristo Jesus para as boas obras, as quais Deus preparou para que andássemos nelas."
Efésios, 2:10

16 MAR

FELICIDADE COM DEUS

"Apaguei as tuas transgressões como a névoa, e os teus pecados como a nuvem."
Isaías, 44:22

LEITURA BÍBLICA
SALMOS, 136

Quando o Filho de Deus veio com a graça restauradora, oferecendo eterna glória espiritual, as pessoas não tiveram fé para acreditar, pois achavam difícil existir uma felicidade como a que Cristo propicia. É muito necessário ter sabedoria cristã para manter a subordinação ao Senhor e, assim, ter o descanso oferecido pelas promessas de Deus e pela salvação de Jesus.

R. Baxter. O eterno descanso dos santos.

"Deus é amor, e o amor nunca falha. A fonte não nos faltará. As consolações não faltarão na hora de nossas aflições. O amor resolverá todas as coisas."
J. H. JOWETT

SUA VOZ É OUVIDA

LEITURA BÍBLICA
SALMOS, 22:1-22

"Porque inclinou a mim os seus ouvidos; portanto, o invocarei enquanto viver."
Salmos, 116:2

17 MAR

Quanto mais oração houver, melhor será o mundo, mais poderosas serão as forças contra o mal. Não é uma voz que clama sem ser ouvida ou sem ser atendida. É uma voz que chega ao ouvido de Deus e vive, pois o coração de Deus está vivo para as coisas santas. As orações são imortais. Elas sobrevivem à vida daqueles que as proferem. Súplicas sobrevivem a uma geração, a uma era.

E. Bounds. In: Poder por meio da oração.

SIGA O CONSELHO DE DEUS

18 MAR

Faça a vontade de Deus e Ele abrirá seus olhos para que você obtenha conhecimento. Deus cria no ser humano o poder de fazer a Sua vontade. Quando você faz a vontade de Deus, você se torna um com Deus, e o objetivo de Deus na criação da humanidade, o objetivo pelo qual Jesus nasceu e morreu, é alcançado. Você é salvo de seus pecados, e o Universo floresce mais uma vez em sua redenção.

G. MacDonald. In: A esperança do Evangelho.

"Muitos propósitos há no coração, porém o conselho do Senhor permanecerá."
Provérbios, 19:21

LEITURA BÍBLICA
SALMOS, 40

 Deus quer que você desfrute de Seu amor e das maravilhas da terra, do céu e do mar, a glória do Todo-Poderoso.
J. H. JOWETT

TOLERE SEUS IRMÃOS

Se você tiver uma comunhão mais real com o Salvador, terá uma comunhão mais real com seus semelhantes. Como a palavra "tolerância" é usada por você? Como tolera os outros? Você deve tolerar aquele por quem Jesus morreu! Tolerar aquele que Ele carrega em Seu coração! Tolerar um templo do Deus vivo! Tolerância faz você ser aprovado diante de Deus!

J. R. Macduff. In: A mente de Jesus.

LEITURA BÍBLICA
LUCAS, 10:5-12

"Oh! quão bom e quão suave é que os irmãos vivam em união."
Salmos, 133:1

19 MAR

20 MAR

CRISTIANISMO REAL

O cristianismo verdadeiro é conhecido por seus frutos, e produz nos que o praticam arrependimento, fé, esperança, caridade, humildade, espiritualidade, abnegação, altruísmo, perdão, temperança, veracidade, bondade fraternal, paciência e tolerância. O grau dessas graças pode variar em diferentes crentes. O germe e as sementes delas serão encontrados em todos os que são filhos de Deus.

J. C. Ryle. In: Religião na prática.

"Melhor é o que controla o seu ânimo do que aquele que toma uma cidade."
Provérbios, 16:32

LEITURA BÍBLICA
MATEUS, 7:13-20

 Considere a paciência que Deus tem para com você. Ai de nós se Deus tivesse sido tão impaciente conosco quanto nós somos com os outros.
R. BAXTER

A ESSÊNCIA DO AMOR

Parece ser bem mais fácil amar ao próximo do que amar a Deus, e isso é parcialmente verdade. São João nos diz: "Aquele que não ama a seu irmão, a quem viu, como pode amar a Deus, a quem não viu?". É a essência do amor sair para fazer o bem, buscar e salvar o que está perdido. Deus é amor perfeito, e Sua vida é uma vida de amor eterno. Ele enviou Seu Filho para buscar e salvar o que estava perdido.

J. W. Byers. In: Santificação.

LEITURA BÍBLICA
MATEUS, 22: 36-40

"Esta é a mensagem que ouvistes desde o princípio: que nos amemos uns aos outros."
1 João, 3:11

21 MAR

ENTRE NO REINO

As primeiras palavras do Filho de Deus foram: "Arrependei-vos, porque é chegado o reino dos céus". Jesus disse como entrar nesse reino: "Se não vos converterdes e não vos fizerdes como crianças, de modo algum entrareis no reino dos céus". O apóstolo Paulo explica: "O reino de Deus não é comida nem bebida, mas justiça, e paz, e alegria no Espírito Santo".

C. E. Orr. In: *À luz do cristianismo.*

"Os justos clamam, e o Senhor os ouve, e os livra de todas as suas angústias."
Salmos, 34:17

LEITURA BÍBLICA
LUCAS, 12:13-31

 "Faça a vontade do Pai Celestial, obedecendo às leis que Ele deu, mostrando, assim, bondade e amor por Deus e Sua criação."
C. KINGSLEY

MUDE SEUS PASSOS

A palavra "arrependimento" significa mudança de mente. Se mudar de ideia, mudará sua conduta. Se você se propõe a ir a um lugar e, depois, muda de ideia, então não vai. Se, à medida que avança, começa a ter dúvidas sobre o que é certo fazer, e ainda assim continua na mesma estrada, isso não é mudar de ideia. Mudar de ideia é mudar seus passos.

C. Kingsley. In: *As boas novas de Deus.*

LEITURA BÍBLICA
MATEUS, 3

"Produza frutos dignos de arrependimento."
Mateus, 3:8

24 MAR

A LUZ DE JESUS MUDA O MUNDO

"Em ti está o manancial da vida; na tua luz veremos a luz."
Salmos, 36:9

LEITURA BÍBLICA
ISAÍAS, 30:26-29

É como se a luz dos olhos de Jesus enchesse seus olhos e você visse as coisas ao redor como Ele as vê. Lembra-se de quando era criança, de olhar atentamente para o Sol, reprimindo sua força e insistindo em olhar? Via uma bela luz amarela gloriosa sobre tudo, suavizando a embelezando. Olhar para o Sol mudava um pouco o mundo para você. A luz de jesus muda o mundo.

S. D. Gordon. In: *Conversas tranquilas sobre serviço.*

 Perceba que deve haver uma experiência, uma visão, uma explosão de luz, uma manifestação sensível, antes de conhecer o Pai.
F. B. MEYER

ALEGRIA DA LIBERTAÇÃO

LEITURA BÍBLICA
MATEUS, 11

"Vinde a mim, todos os que estais cansados e oprimidos, e eu vos aliviarei."
Mateus, 11:28

Jesus abre os braços para todos os que estão cansados o suficiente para vir a Ele e ter descanso. De bom grado, Ele liberta você, ensinando-o a ser manso e humilde como Ele, fazendo com alegria a vontade do Pai, a única maneira possível de libertá-lo de seus pecados. Há apenas uma cura: fazer a vontade do Pai.

G. MacDonald. In: *A esperança do Evangelho.*

25 MAR

VIVA A GRAÇA DE DEUS

26 MAR

Você depende do poder de Deus para ter a graça, e para encher o coração de alegria, respeitar os princípios santos e, assim, estar apto a produzir frutos em boas obras, tornando a alma à semelhança gloriosa de Cristo, e enchendo-a de bênçãos. Esses são os efeitos mais gloriosos do poder de Deus que são vistos em Seus atos para com Suas criaturas.

Sermões selecionados de Jonathan Edwards.

"Amai-vos cordialmente uns aos outros com amor fraternal, preferindo-vos em honra uns aos outros."
Romanos, 12:10

LEITURA BÍBLICA
1 CORÍNTIOS, 15:1-10

 O estudo da Bíblia é o material que forma um cristão. Esse é o alimento com o qual os santos são nutridos.
CHARLES SPURGEON

O CAMINHO DA VIDA

Podemos professar grandes realizações na vida divina e uma maravilhosa devoção a Deus, mas a prova é a obediência aos Seus mandamentos. Quem na Terra pode viver uma vida cristã mais perfeita do que aquele que vive em obediência a cada palavra da Bíblia? O único caminho para o céu é pelos mandamentos da Bíblia. "Bem-aventurados os que cumprem os meus mandamentos".

Charles E. Orr. In: À luz do cristianismo.

LEITURA BÍBLICA
PROVÉRBIOS, 23

"Dá-me, filho meu, o teu coração, e os teus olhos observem os meus caminhos."
Provérbios, 23:26

27 MAR

28 MAR

"Quão preciosa é, ó Deus, a tua benignidade."
Salmos, 36:7

LEITURA BÍBLICA
JOÃO, 15:9-17

DEUS AMA VOCÊ, E ELE NÃO O DESPREZARÁ.

Deus aprova e honra a religião do coração. Ele olha do céu e lê o coração. Onde quer que Ele veja arrependimento, fé em Cristo, santidade de vida, amor à Sua Palavra, Ele se agrada. Ele dá a Seus anjos um encargo especial sobre Seus filhos, de manter neles a graça e dar-lhes paz, esperança e força.

J. C. Ryle. In: Religião na prática.

 Há três pontos essenciais para quem deseja seguir o Mestre plenamente. O primeiro, entregar-se totalmente a Jesus. Segundo, ler a Palavra. O terceiro, mostrar Jesus a outras pessoas para que o conheçam.

S. D. GORDON

DEUS NOS CURA

A cura de nosso Senhor é uma cura graciosa do Espírito. Ela restaura a harmonia interior ao perdoar o pecado e colocar a vontade do indivíduo em harmonia com a vontade divina. Não é realizada pela força de vontade humana, mas por meio da harmonia dos desejos com a vontade divina. É verdade que a Vontade de Deus nos dará integridade, alegria e perfeição, e não doença e enfermidade.

H. T. Hamblin. In: Dentro de você está o poder.

LEITURA BÍBLICA
SALMOS, 30

"Senhor meu Deus, clamei a ti, e tu me saraste."
Salmos, 30:2

29 MAR

30 MAR

CURA-NOS, SENHOR!

Elevamos nossa voz a Ti em oração por todos os nossos entes queridos. Senhor, abençoe os enfermos e os cure. Santifique os que estão muito fracos, pois em breve estaremos "vestidos com a nossa casa que é do céu". Ajude-nos a não nos preocuparmos com todas essas coisas aqui embaixo. Que possamos viver aqui como estrangeiros e fazer do mundo não uma casa, mas uma pousada, na qual nos hospedamos, esperando estar em nossa morada amanhã.

Orações de Charles H. Spurgeon.

"Muitas são as aflições do justo, mas o Senhor o livra de todas."
Salmos, 34:19

 **LEITURA BÍBLICA**
ISAÍAS, 53:4-5

 Pai, Tu és a libertação, segurança para todo problema que já existiu, que existe ou que poderá existir.
G. MACDONALD

UNIDOS EM DEUS

Todos os cristãos devem servir uns aos outros. Deseje ser um membro do mesmo corpo, e ter direitos e honras iguais. Se Deus lhe designou um dever de acordo com sua capacidade, permaneça nele. Não se considere melhor do que os outros. A fé o torna igual aos outros, e os outros iguais a você.

M. Luter

 **LEITURA BÍBLICA**
1 CORÍNTIOS, 12

"Se um membro padece, todos os membros padecem com ele; e, se um membro é honrado, todos os membros se regozijam com ele."
1 Coríntios, 12:26

31 MAR

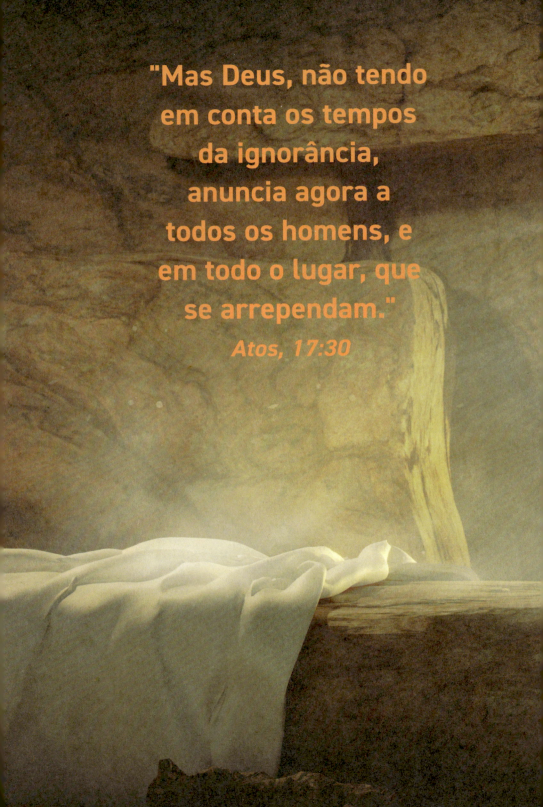

"Mas Deus, não tendo em conta os tempos da ignorância, anuncia agora a todos os homens, e em todo o lugar, que se arrependam."

Atos, 17:30

01 ABR

> "Bom e reto é o Senhor; por isso ensinará o caminho aos pecadores."
> *Salmos, 25:8*

JESUS É A SALVAÇÃO

Jesus Cristo não negou a Si mesmo. Ele entrou em todos os relacionamentos da vida. Ele foi até a viúva. Pegou as crianças e as segurou em Seus braços e olhou em seus olhos até que o céu se derramou em Seu olhar. Ele não foi e se escondeu atrás de muros em algum lugar. Não se afastou e disse: "Agora, se vou me tornar puro, farei isso deixando os homens de fora". Você se lembra do que os fariseus disseram sobre Ele uma vez? Eles disseram: "Este homem recebe pecadores". Você sabe como eles disseram isso? Eles queriam dizer: "Tínhamos esperança de fazer algo com esse novo homem, mas estamos muito desapontados. Ele recebe pecadores".

E o que eles queriam dizer? Eles queriam dizer o que você disse tantas vezes: "Não se pode tocar em piche sem se contaminar". Mas esse Homem sentou-se com o publicano e não se contaminou com o publicano. Por outro lado, Ele deu ao publicano Sua pureza na vida de Jesus Cristo. A espiritualidade de Jesus Cristo foi a realização concreta de uma grande verdade que Ele estabeleceu em Suas próprias bem-aventuranças. Qual foi ela? "Bem-aventurados os puros de coração, porque eles verão a Deus".

George C. Morgan

PENSAMENTO DO DIA

Voltemos ao Evangelho simples. Cristo morreu por nossos pecados. Precisamos conhecer Cristo no Calvário primeiro, como nosso substituto, como nosso Redentor; e no momento em que O aceitarmos como nosso Salvador e Redentor, então é que nos tornaremos participantes do Evangelho.

D. L. Moody

REFLEXÕES

_____
_____
_____
_____
_____
_____

LEITURA BÍBLICA
ATOS, 16:28-34

RECEBA O PERDÃO

Quando algum pecado obscurecer seu horizonte, Deus abrirá o caminho para que Seu perdão chegue ao seu coração, para que, por meio do arrependimento, destrua o erro e o torne capaz de perdoar a si mesmo. Não seja orgulhoso demais, deixe o perdão de Deus afogar seu orgulho nas lágrimas do arrependimento e fazer seu coração voltar a ser como o de uma criancinha.

G. MacDonald. In: Sermões não proferidos.

02 ABR

"Se confessarmos os nossos pecados, ele é fiel e justo para nos perdoar, e nos purificar de toda a injustiça."
1 João, 1:9

LEITURA BÍBLICA
2 PEDRO, 3

 Deus permita que, se você tiver sucesso e conforto, nunca se afaste dEle, mas se volte a Ele com humildade, sem precisar de aflições.
C. KINGSLEY

DEUS DÁ A VIDA ETERNA

Receba as bênçãos de Deus. Deus é tanto o comprador quanto o preço, pois Cristo, que é Deus, comprou bênçãos para você ao oferecer a si mesmo pela sua salvação. Foi a natureza humana que foi oferecida, mas era a mesma pessoa com a divina e, portanto, visto como se Deus tivesse sido oferecido em sacrifício.

Sermões selecionados de Jonathan Edwards.

LEITURA BÍBLICA
SALMOS, 72

"A tua salvação espero, ó Senhor!"
Gênesis, 49:18

03 ABR

04 ABR

FÉ QUE CURA

"Cura-me, Senhor, e sararei; salva-me, e serei salvo."
Jeremias, 17:14

LEITURA BÍBLICA
LUCAS, 13:10-17

A saúde e a felicidade da humanidade dependem em grande parte da fé. Se você acreditar que está bem, mesmo que esteja doente, logo se recuperará, e se acreditar que não ficará doente, raramente ficará doente. Não há nenhum setor da vida humana que dependa tanto da crença quanto o da saúde. Uma pessoa devota que ora pode alegar que o tratamento é apenas uma parte do plano de cura de Deus.

R. H. Conwell. In: *Saúde, cura e fé.*

 Deus, cura as lágrimas da amargura, da desconfiança, do desânimo, estabelecendo a inabalável fé em Ti. Teu Filho andou por toda parte curando todo tipo de doença.
J. DONNE

BUSQUE O PRÊMIO

LEITURA BÍBLICA
MALAQUIAS, 4

"Deus nos deu a vida eterna; e esta vida está em seu Filho."
1 João, 5:11

A "coroa da vida" está no final da jornada. Alguns correm bem por um tempo e, depois, por causa de pequenos obstáculos, desviam-se do caminho. Persevere até o fim. Siga o exemplo do apóstolo que disse: "Prossigo para o alvo, em busca do prêmio". O prêmio é a coroa da vida. No final da corrida, você vai recebê-la.

C. E. Orr. In: *Alimento para as ovelhas.*

06 ABR

COMECE CERTO

Não há nada mais importante na vida cristã do que começar bem. Se você começar bem, poderá continuar bem. Se começar errado, é provável que toda a vida que se seguirá seja errada. O começo certo na vida cristã nos é dito em João, 1:12: "Mas, a todos quantos O receberam, deu-lhes o poder de serem feitos filhos de Deus". A maneira correta de começar a vida cristã é recebendo Jesus Cristo.

R. A. Torrey. In: Como ser bem-sucedido na vida cristã.

"Apressa-te em meu auxílio, Senhor, minha salvação."
Salmos, 38:22

LEITURA BÍBLICA
SALMOS, 67

 As palavras de sábios e santos de muitas épocas ajudam a fortalecer você para cumprir seus deveres de cada dia com alegria e coragem.
MARY W. TILESTON

O BEM INFINITO

Você é de Deus, para quem não há passado ou futuro, para quem um dia é como mil anos e mil anos como um dia. Viva o presente, sem nada temer, porque Deus está em seu futuro, em seu passado e em seu presente. Sua natureza também é eterna. Caminhe sem medo, cheio de esperança, coragem e força para fazer Sua vontade, aguardando o bem infinito.

G. MacDonald

LEITURA BÍBLICA
DEUTERONÔMIO, 10:12-13

"Bom é ter esperança, e aguardar em silêncio a salvação do Senhor."
Lamentações, 3:26

07 ABR

08 ABR

VENÇA A BATALHA

"Ó minha alma, espera somente em Deus, porque dele vem a minha esperança."
Salmos, 62:5

LEITURA BÍBLICA
PROVÉRBIOS, 24: 1-12

Nas palavras de Paulo estão os elementos do sucesso na vida, o caminho: vestir toda a armadura de Deus. Veracidade, justiça, paz, fé na justiça e na misericórdia de Deus, perguntando-se continuamente: "O que Deus quer que eu faça?". Todas essas qualidades compõem o caráter da pessoa verdadeiramente capaz, que faz o que pode fazer bem, porque são necessárias se quiser vencer a batalha da vida em vez de ser vencida.

C. Kingsley. In: *Disciplina e outros sermões*.

"É abençoado e belo ser guiado pelo Espírito de Deus. Se você não resistir, mas viver em obediência, terá uma felicidade abençoada por Deus."
CHARLES E. ORR.

SEU LAR É O CÉU

LEITURA BÍBLICA
HEBREUS, 12:22-29

"Prossigo para o alvo, pelo prêmio da soberana vocação de Deus em Cristo Jesus."
Filipenses, 3:14

De todas as ambições de uma pessoa normal, o propósito de ter um lar é o mais elevado. O céu é a principal necessidade da alma. A palavra "lar" reúne tudo o que há de mais puro e de mais sagrado e celestial no sentimento humano. No princípio, o Todo-Poderoso criou o ser humano. O lar no Paraíso aguarda você.

R. H. Conwell. In: *Saúde, cura e fé*.

09 ABR

PEÇA E RECEBA

Pedir a Deus é a condição. Sob essa promessa universal e simples, homens e mulheres oram e Deus responde às suas orações, e a causa de Deus é mantida viva no mundo pela chama de suas orações. "Pedi, e recebereis; buscai, e achareis; batei, e abrir-se-vos-á". O segredo do sucesso no Reino de Cristo é a capacidade de orar. A lição mais importante que podemos aprender é como orar.

E. M. Bounds. In: O propósito da oração.

"A nossa alma espera no Senhor; ele é o nosso auxílio e o nosso escudo."
Salmos, 33:20

LEITURA BÍBLICA
SALMOS, 63

> Acostume-se a levar a oração para todas as suas ocupações diárias. Fale, mova-se, trabalhe como se estivesse em oração, como de fato deveria estar.
> *F. FÉNELON*

DEUS DÁ O MELHOR

Senhor, Tu sabes o que é melhor para nós. Que seja feito conforme Te aprouver. Dê o que o Senhor quiser, quanto e quando quiser. Lide comigo como achar melhor. Colocai-me onde quiserdes. Eis que sou Teu servo, e não desejo viver para mim mesmo, mas para Ti!

T. Kempis

LEITURA BÍBLICA
1 CORÍNTIOS, 15:51-58

"Sede transformados pela renovação do vosso entendimento, para que experimenteis qual seja a boa, agradável, e perfeita vontade de Deus."
Romanos, 12:2

12 ABR

DEUS HABITA EM VOCÊ

A verdadeira vida cristã é como a de uma criança confiante, alegre e sem medo, guiada pela orientação do Espírito Santo. Se você recebeu o Espírito Santo, Ele habita em você e o guiará em cada momento. Uma vida entregue ao controle do Espírito Santo é cheia de alegria, paz e liberdade. Não há ansiedade em uma vida assim, não há medo na presença de Deus.

R. A. Torrey. In: Como ser bem-sucedido na vida cristã.

"Deus é amor; e quem está em amor está em Deus, e Deus nele."
1 João, 4:16

LEITURA BÍBLICA
1 CORÍNTIOS, 3:16-23

 Você deixa de se cansar ao se entregar ao Espírito Santo de Deus. Não se preocupa nem olha para trás para ver o quanto avançou, mas segue firme seu caminho.
J. N. GROU

FAÇA A VONTADE DE DEUS

Faça tudo o que Jesus quer, seja tudo o que Ele quer que você seja. Veja as coisas como Ele as vê, considere-as como Ele as considera, pois fazer a vontade de Deus traz vida. Não tente ser o que querem nem se preocupe com o que possam pensar ou dizer de você. Faça a vontade de Deus.

G. MacDonald. In: Sermões não proferidos.

LEITURA BÍBLICA
1 TESSALONICENSES, 5:18-28

"Deleito-me em fazer a tua vontade, ó Deus meu; sim, a tua lei está dentro do meu coração."
Salmos, 40:8

13 ABR

CRISTO NOS APERFEIÇOA

Ó Deus, até que minha alma tenha considerado minuciosamente sua conta, e por pouco tempo que ela tenha de permanecer neste corpo, que o poder do teu Espírito a aperfeiçoe antes que ela morra. Que ela possa saber o que tu perdoas e a não duvidar do teu perdão. Envolva-a nos méritos de Teu Filho Jesus Cristo. Ofereça conforto interior e dê-lhe o poder de prestar testemunhos.

John Donne. In: Devoções para situações de emergência.

"Sede, pois, misericordiosos, como também vosso Pai é misericordioso."
Lucas, 6:36

LEITURA BÍBLICA
JOÃO, 8:2-11

 Tenha fé suficiente para dizer: 'Deus me ajudará a corrigir esse erro; ou, se não, Sua vontade eterna vencerá o mal com o bem'.
C. KINGSLEY

AMOR INCONDICIONAL

Se você tiver um coração frio para com um amigo, talvez não tenha fervor para com Deus. Se não suportar os dissabores de um companheiro, como suportará os pecadores? Se não tiver amor terno e afetuoso para com aqueles com quem passa horas diárias, como sentirá amor pelos desconhecidos, maus, ingratos e repulsivos?

H. E. Manning

LEITURA BÍBLICA
MATEUS, 6: 14-15

"Levai as cargas uns dos outros, e assim cumprireis a lei de Cristo."
Gálatas, 6:2

16 ABR

HUMILDADE É SABEDORIA

"Em vindo a soberba, virá também a afronta; mas com os humildes está a sabedoria."
Provérbios, 11:2

LEITURA BÍBLICA
PROVÉRBIOS, 15:1-17

Os humildes de coração, que nunca desprezam as pessoas nem buscam seus elogios, não veem nada para admirar em si mesmos. Esses são os que o Senhor chama de abençoados. Quando alguém passa a ser humilde, então a porta do reino começa a se abrir para ele, e essa pessoa começa a conhecer a verdade a respeito de si mesma.

G. MacDonald. In: *A esperança do Evangelho.*

 Deus valoriza mais a paciência e a submissão, a mansidão e a humildade. Coloque-se sem reservas em Suas mãos, seja guiado por Ele, e diga: 'Não a minha vontade, mas a Tua vontade'.

J. R. MACDUFF

NÃO PARE DE ORAR

LEITURA BÍBLICA
LUCAS, 11: 2-4

"Persevere na oração e no ministério da palavra."
Atos, 6:4

As pessoas abençoadas são as que oram. Não as que falam sobre oração nem as que podem explicar sobre oração, mas sim as que reservam tempo para orar. Se não houver tempo, tire de outra coisa, que pareça mais urgente, e coloque a oração em primeiro lugar, agrupando as outras coisas da agenda da vida depois da oração.

S. D. Gordon. In: *Conversas tranquilas sobre oração.*

A HONRA VIRÁ

Atravesse o rio, escale a montanha. Abençoado seja Deus, o dia da recompensa chegará, e você terá a vitória. Se não for neste mundo, será naquele onde não há fel para beber nem fardos para carregar. Deus assim o diz: "Não terão mais fome, nem sede, porque o Cordeiro que está no meio do trono os guiará a fontes vivas de água, e Deus enxugará de seus olhos toda lágrima".

T. Talmage. In: Sermões do Novo Tabernáculo.

18 ABR

"A força e a honra são seu vestido, e se alegrará com o dia futuro."
Provérbios, 31:25

LEITURA BÍBLICA
1 PEDRO, 5: 5-7

 As recompensas de Deus são certas. Toda obediência é a abertura de outra porta para o universo ilimitado da vida. A retidão receberá uma recompensa.
G. MACDONALD

DEUS DÁ A VITÓRIA

Ó Deus, sem Seu consentimento nem um pardal cai no chão. Tu que contas os cabelos de nossas cabeças, toma-nos sob a sombra de Tuas asas. Dai-nos coragem e obediência, fortaleza e valor na hora do perigo, e compaixão e misericórdia. Fazei prosperar nossas vidas para o estabelecimento da justiça, da paz e da verdade.

J. Habermann.

LEITURA BÍBLICA
2 CORÍNTIOS, 5:13-21

"Libertados do pecado, fostes feitos servos da justiça."
Romanos, 6:18

19 ABR

20 ABR

A FÉ SERÁ RECOMPENSADA

"O justo viverá pela fé."
Romanos, 1:17

LEITURA BÍBLICA
LUCAS, 14:7-14

A paz consiste em ter fé em Deus, fé de que nossos pecados estão perdoados por causa do sacrifício que Cristo fez por nós, fé de que Deus, nosso Pai, ama e cuida de nós, e de que nada pode nos separar de Seu amor. Fé de que o bem que fazemos, por menor que seja, não será esquecido por aquele Deus misericordioso, que recompensa a todas as pessoas de acordo com as obras que Ele lhes dá ânimo para realizar.

A. W. Tozer. In: *À procura de Deus*.

 Pai Celestial! Tu nos proteges com Tua mão contra os perigos, permitindo-nos descansar em paz sob a sombra de Tuas asas.
J. HABERMANN

CONSOLO CELESTIAL

LEITURA BÍBLICA
SALMOS, 23

"Sara os quebrantados de coração, e lhes ata as suas feridas."
Salmos, 147:3

Deus parece se deleitar em esbanjar Sua profunda simpatia sobre as pessoas que não têm quem as ajude. Foi na hora da tristeza que Seu povo O achou mais precioso, no deserto. Ele nos dá suas vinhas nos lugares que menos esperamos, poços de consolo celestial, onde os filhos de Deus encontram consolo em meio aos mais espinhosos arbustos da aflição.

J. R. Macduff. In: *As palavras de Jesus*.

ESCOLHA A RENÚNCIA

Se você estiver determinado a seguir a Deus, pode ser que Ele o coloque à prova. O teste de Abraão não era conhecido por ele como tal, mas se ele tivesse feito uma escolha diferente, toda a história do Antigo Testamento teria sido outra. Ao ser levado a um teste, talvez haverá apenas uma alternativa, e todo o seu futuro será condicionado à escolha que fizer. Escolha a renúncia.

A. Tozer. In: À procura de Deus.

"Porque este é o amor de Deus: que guardemos os seus mandamentos; e os seus mandamentos não são pesados."
1 João, 5:3

LEITURA BÍBLICA
TITO, 2:7-14

 Deus, liberte-nos do poder das trevas e traga o reino de Seu Filho Jesus, em quem temos a redenção e o perdão dos pecados.
J. HABERMANN

BENDITO SEJA DEUS

Onde uma criança pode estar mais segura do que nas mãos de um pai? Estamos sob a orientação segura de uma sabedoria infalível. Cultive um espírito de confiança mais infantil na vontade do Pai Celestial. Você não é deixado sozinho para enfrentar o deserto. Uma nuvem está diante de você, guardando-o do Sol e da tempestade. Uma ternura indescritível é a característica de todas as ações de Deus. Bendito seja o Seu nome!

J. R. Macduff. In: As palavras de Jesus.

LEITURA BÍBLICA
JOÃO, 13: 34-35

"A graça de nosso Senhor Jesus Cristo seja convosco. Amém."
1 Tessalonicenses, 5:28

24 ABR

CONVERSE COM DEUS

"E será que antes que clamem eu responderei; estando eles ainda falando, eu os ouvirei."
Isaías, 65:24

LEITURA BÍBLICA
SALMOS, 81

A base da oração é o relacionamento correto com Deus. A oração é a representação de Deus no reino espiritual deste mundo. A única base para esse relacionamento com Deus é Jesus. Fomos banidos pelo pecado. Estávamos em contato com Deus. Rompemos com Ele. A ruptura não pôde ser consertada por nós. Jesus veio e nós nos recuperamos por meio d'Ele.

S. D. Gordon. In: *Conversas tranquilas sobre oração.*

"A mais forte e mais poderosa defesa de um cristão é a oração, e as obras do Espírito de Deus são as verdadeiras evidências do cristianismo."
D. L. MOODY

A ESPERANÇA DIVINA

LEITURA BÍBLICA
1 TESSALONICENSES, 5: 1-10

"Disse então Maria: Eis aqui a serva do Senhor; cumpra-se em mim segundo a tua palavra."
Lucas, 1:38

Escolha como prefere estar quando chegar o grande dia do Senhor. Você será como o que São João viu invocando as montanhas para o esconder da ira do que está sentado no trono? Prefira ser como o que diz: "Deus é a minha esperança e a minha fortaleza, o meu socorro presente na angústia. Não temerei, ainda que a terra se abale e os montes sejam arrastados para a profundeza do mar".

C. Kingsley. In: *A água da vida.*

25 ABR

26 ABR

PREGUE O EVANGELHO

Devemos aproveitar todas as oportunidades que pudermos para instruir as pessoas sobre como alcançar a salvação. Se a pessoa for ignorante, esforce-se para fazê-la entender o convênio que Deus fez com ela. Ensine-a sobre a necessidade de um Redentor, como Cristo misericordiosamente interveio e suportou a penalidade, e como os humanos são atraídos a Cristo, quais são as riquezas e privilégios que os crentes têm n'Ele.

Richard Baxter. In: O eterno descanso dos santos.

"Importa que o evangelho seja primeiramente pregado entre todas as nações."
Marcos, 13:10

 **LEITURA BÍBLICA**
ATOS, 10:36-46

 Cristo é capaz de nos ensinar. Veja como Ele ensinou os discípulos. Ele nunca se cansou de fazer que eles aprendessem com Ele. Portanto, Ele nos ensinará se apenas O ouvirmos.
D.L. MOODY

SEJA DEPENDENTE DE DEUS

Seja dependente do poder de Deus para subjugar o pecado e a corrupção, aumentar os princípios santos, produzir frutos em boas obras e, por fim, levar a graça à sua perfeição, tornando sua alma amável à semelhança gloriosa de Cristo. Dependa do poder de Deus para fazer mais coisas por Ele.

Sermões escolhidos de Jonathan Edwards.

 **LEITURA BÍBLICA**
SALMOS, 104

"Bendize, ó minha alma, ao Senhor, e tudo o que há em mim bendiga o seu santo nome."
Salmos, 103:1

27 ABR

28 ABR

ESPERE EM DEUS

Não se envergonhe de servir a outros por amor a Jesus. Edifique sua esperança em Deus. Faça o que estiver ao seu alcance, e Deus ajudará sua boa intenção. Não confie em seu conhecimento nem na esperteza de ninguém, mas sim no favor de Deus, que resiste aos soberbos e dá graça aos humildes. Não se glorie de suas riquezas, se as tiver, nem em seus amigos, se forem poderosos, mas sim em Deus.

T. Kempis. In: A imitação de Cristo.

"Confia ao Senhor as tuas obras, e teus pensamentos serão estabelecidos."
Provérbios, 16:3

LEITURA BÍBLICA
SALMOS, 75

 "Para encontrar a vontade de Deus, não se apresse, apenas espere, ore e confie, e Deus lhe ensinará o caminho e lhe dará uma doce consciência."
C. E. ORR.

FAÇA A COISA CERTA

A recompensa de Deus está encerrada em todas as boas ações: quem faz o que é certo se torna melhor e mais humilde, e se aproxima do coração de Deus e de sua semelhança, tornando-se mais capaz de receber as bênçãos de Deus e de herdar o reino do céu. Uma pessoa não pode ser elevada um fio de cabelo acima de si mesma, sem se aproximar de Deus. A recompensa em si, portanto, é a justiça.

George MacDonald. In: A esperança do Evangelho.

LEITURA BÍBLICA
SALMOS, 54

"Bendito o homem que confia no Senhor, e cuja confiança é o Senhor."
Jeremias, 17:7

29 ABR

MANTENHA A LÂMPADA ACESA

30 ABR

> "Porque tu, Senhor, és a minha lâmpada; e o Senhor ilumina as minhas trevas."
> *2 Samuel, 22:29*

Seja como o bom homem e sua esposa que guardaram um farol durante anos. Um visitante, olhando pela janela para o mar, perguntou à mulher: "A senhora não tem medo quando há uma tempestade e as grandes ondas passam por cima da lanterna? Não teme que o farol e tudo o que está nele sejam levados?". A mulher respondeu que essa ideia nunca lhe ocorrera. Ela se sentia tão segura na rocha solitária quanto se sentia quando morava no continente. Quanto ao marido, foi perguntado se não se sentia ansioso quando o vento soprava um furacão, ele respondeu: "Sim, eu me sinto ansioso para manter as lâmpadas acesas, para que nenhum navio naufrague". Quanto à ansiedade em relação à segurança do farol ou à sua segurança pessoal, ele havia superado tudo isso. O mesmo acontece com o crente adulto. Ele pode dizer humildemente: "Eu sei em quem tenho crido e estou certo de que Deus é poderoso para guardar o que lhe confiei até aquele dia. Basta que o Senhor me dê óleo suficiente para manter minha lâmpada acesa, de modo que eu possa lançar um raio de luz através do mar escuro e traiçoeiro da vida, e estarei satisfeito".

Charles H. Spurgeon. In: Em torno do portão de entrada.

PENSAMENTO DO DIA

Creia em Deus e não se preocupe com o dia seguinte. Trabalhe com alegria e com um grande coração, porque Ele dá aos Seus amados. Não seja ansioso, mas entregue tudo a Ele, e viva em serena tranquilidade.

M. Lutero

REFLEXÕES

_____
_____
_____
_____
_____
_____

LEITURA BÍBLICA
MATEUS, 25:1-13

"Então Pedro, aproximando-se dele, disse: Senhor, até quantas vezes pecará meu irmão contra mim, e eu lhe perdoarei? Até sete? Jesus lhe disse: Não te digo que até sete; mas, até setenta vezes sete."

Mateus, 18:21-22

01 MAI

> "Quando estiverdes orando, perdoai, se tendes alguma coisa contra alguém, para que vosso Pai, que está nos céus, vos perdoe as vossas ofensas."
> *Marcos, 11:25*

PENSAMENTO DO DIA

Espera-se que os cristãos cujos corações estão unidos a nós no desejo pela investidura de poder, mas que não podem estar presentes, enviem uma saudação por mensagem, para que haja um concerto de oração com eles em todo o país durante os dias de espera pelo poder de Deus.

D. L. Moody

REFLEXÕES

_____
_____
_____
_____
_____
_____

RENOVE SEU ESPÍRITO

Deus Abençoado, desejo novamente terminar esta noite contigo! Acende minha alma como se fosse uma brasa viva do Teu santo altar! Que todos os pensamentos e preocupações não santificados e intrusivos sejam deixados de lado, para que eu possa desfrutar de um período de comunhão com o Pai e com Seu Filho Jesus Cristo.

Alegro-me ao pensar que tenho um Amigo a quem recorrer – um refúgio inabalável em todas as épocas de perplexidade e problemas. Embora muitas vezes, infelizmente, eu tenha mudado em relação a Ti, Tu nunca mudaste em relação a mim. Você me amou desde o início, e esse amor permanece até hoje, infinito, inalterável!

Senhor, estou lamentando minha retribuição vil e indigna de toda a Tua bondade imerecida. Sinto que não tenho uma consciência permanente e deprimente de minha culpa. Quão pouco sinto de contrição genuína e sincera! Com frequência pareço ser humilde e penitente quando não sou!

Renova-me no espírito. Que todas as coisas velhas passem, e que todas as coisas se façam novas. Transforme-me pelo poder interior de Seu Espírito vivificador. Que eu procure obedecer a Tua vontade, que seja minha constante ambição crescer na graça e no conhecimento do Senhor e Salvador Jesus Cristo.

John R. Macduff. In: Incenso noturno.

LEITURA BÍBLICA
ROMANOS, 6:1-18

UNIDOS NO AMOR DE CRISTO

02 MAI

Devemos estar unidos a todos os queridos amigos nos laços do amor cristão. Em meio a todas as flutuações desta vida mortal, que sempre nos seja dada a graça de nos apegarmos ao Senhor com todo o propósito do coração. Dê-nos, Senhor, aquela Sua paz que o mundo não pode dar. Dá a Teus anjos o encargo de cuidar de nós durante as horas inconscientes do sono, e que possamos acordar Contigo.

E. M. Bounds. O poder da oração.

"A verdade brotará da terra, e a justiça olhará desde os céus."
Salmos, 85:11

LEITURA BÍBLICA
1 REIS, 2:1-12

 Todo dever, mesmo o menor, envolve o princípio da obediência. E os pequenos deveres tornam a vontade flexível e pronta para obedecer.
H. E. MANNING

SEJA MANSO

Conhecemos a humildade na vida de Cristo, quando Ele abriu Seu coração para nós. Ouçamos Seus ensinamentos sobre humildade e até a que ponto Ele espera que Seus discípulos sejam humildes como Ele. Estudemos cuidadosamente as passagens da Bíblia para receber a impressão completa de quantas vezes e com que seriedade Ele ensinou isso, e assim será possível perceber o que Ele pede de nós.

Andrew Murray. In: Humildade: a beleza da santidade.

LEITURA BÍBLICA
SALMOS, 25:14-22

"Tomai sobre vós o meu jugo, e aprendei de mim, que sou manso e humilde de coração."
Mateus, 11:29

03 MAI

04 MAI

SIGA A VOCAÇÃO DE DEUS

"Fazei veredas direitas para os vossos pés, para que o que manqueja não se desvie inteiramente, antes seja sarado."
Hebreus, 12:13

 **LEITURA BÍBLICA**
1 JOÃO, 1:6-10

Você é composto de duas partes, alma e corpo. No que diz respeito à primeira, ponha seu coração em honras, dignidades e preferências, pois a outra o tenta e atrai para os prazeres carnais. Evite três coisas: orgulho, a inclinação para ser popular; prazer e luxo, para satisfazer a carne; cobiça, o amor desordenado pelas coisas mundanas.

Johann Arndt. In: Verdadeiro cristianismo.

 Os atos de Deus são a semente da eternidade. Cada porção dessa semente torna você semelhante a Deus e capaz de receber Seu amor.
E. B. PUSEY

ESCOLHA OBEDECER

 **LEITURA BÍBLICA**
ATOS, 5:29-42

"Buscai o bem, e não o mal, para que vivais."
Amós, 5:14

Entre as diferentes faculdades que Deus concedeu ao ser humano em sua criação está a vontade. Essa faculdade torna você um ser responsável. Ao primeiro homem e à primeira mulher no jardim do Éden Deus deu a opção da obediência, e da desobediência. Eles podiam obedecer a Deus e viver para sempre, ou desobedecer e morrer. Temos dois caminhos, o da vida e o da morte, a depender de escolhermos ou de recusarmos coisas.

Charles E. Orr. In: Alimento para as ovelhas.

05 MAI

06 MAI

CONHEÇA O AMOR DE DEUS

Deus enche seu coração de amor para que saiba o significado de O amar de todo o coração. Enquanto suas afeições estiverem divididas entre Deus e qualquer outra coisa, seu amor não será perfeito. O coração obediente habita em Deus e, assim, há a consagração perfeita, que, quando cumprida integralmente, permite uma limpeza perfeita. O apóstolo João diz: "Seu amor é aperfeiçoado em nós".

J. W. Byers. In: Santificação.

"Esta é a mensagem que dele ouvimos, e vos anunciamos: que Deus é luz."
1 João, 1:5

 **LEITURA BÍBLICA**
SALMOS, 122

 Deixe sua luz brilhar livremente, para que as pessoas a vejam, mas não para que elas vejam você. Deus quer que Seu brilho ilumine as pessoas.
G. MAcDONALD

DEUS RETRIBUI

Devemos perdoar as pessoas para que também o Pai celestial nos perdoe. Mas se não as perdoarmos, tampouco nosso Pai perdoará as nossas ofensas. Na profecia do julgamento do Filho do homem, Ele se representa dizendo: "Quando o fizestes a um destes meus irmãos mais pequeninos, a mim o fizestes". A recompensa dos misericordiosos é que eles se tornam capazes de receber a misericórdia de Deus.

G. MacDonald. In: A esperança do Evangelho.

 **LEITURA BÍBLICA**
MATEUS, 18:11-18

"O sangue de Jesus Cristo nos purifica de todo pecado."
1 João, 1:7

07 MAI

08 MAI

"Segui sempre o bem, tanto uns para com os outros, como para com todos."
1 Tessalonicenses, 5:15

LEITURA BÍBLICA
PROVÉRBIOS, 10:17-27

NÃO QUESTIONE O PLANO DE DEUS

Viva mais habitualmente sob a influência do amor redentor, e sinta que a maior alegria é a posse segura da graciosa amizade de Deus. Torne-se mais gentil, mais voltado para o céu, mais semelhante ao Salvador. Que você possa compreender que as coisas que acontecem fazem parte de um plano divino. Que possa ficar satisfeito com a certeza de que o que não sabe agora, saberá no futuro.

John R. Macduff. In: Incenso noturno.

 Com um espírito alegre e agradecido, entregue-se para tudo o que Deus lhe designar e, pela graça, fazer a Sua vontade, sem nunca reclamar.
J. TAULER

LEITURA BÍBLICA
COLOSSENSES, 3: 15-17

"Assim também a fé, se não tiver as obras, é morta em si mesma."
Tiago, 2:17

VIDA SANTIFICADA

A pregação mais incisiva e forte do cristão deve ser para si mesmo. Seu trabalho mais difícil e minucioso deve ser consigo mesmo. Deus não precisa de grandes talentos, de grande conhecimento ou de grandes pregadores, mas de pessoas grandes em santidade, em fé, em amor, em fidelidade. Grandes para Deus são as pessoas que sempre pregam sermões santos pela exemplar vida santa. Essas podem moldar uma geração para Deus.

E. Bounds. In: Poder por meio da oração.

APRENDA HUMILDADE

10 MAI

Se você perceber que a humildade e a mansidão são a nobreza do reino dos céus, humilhar-se e tornar-se servo de todos será visto como a alegria e a glória de Jesus, manso e humilde, que nos chama para aprender com Ele o caminho para Deus. Nossa única necessidade é acreditarmos que Ele entrará e habitará no coração desejoso.

Andrew Murray. In: A beleza da santidade.

"Revesti-vos, pois, como eleitos de Deus, santos e amados, de entranhas de misericórdia, de benignidade, humildade, mansidão, longanimidade."
Colossenses, 3:12

LEITURA BÍBLICA
1 CORÍNTIOS, 4: 16-18

 Cristo é mais do que nossa Luz no caminho, pois Ele é nosso professor enviado do céu.
D. L. MOODY

SEJA SAL NA TERRA

O Senhor fez de seus poucos discípulos o sal da terra. Devemos seguir esse exemplo e dizer: "Se não fosse por esses homens, o mundo estaria perdido". O Mestre nos colocou para sermos sal contra a corrupção e luz contra as trevas, e nossas almas respondem e dizem: "Senhor, faça-nos ser o sal, a luz do mundo!".

George MacDonald. In: A esperança do Evangelho.

LEITURA BÍBLICA
EFÉSIOS, 5: 1-17

"Vós sois o sal da terra; e se o sal for insípido, com que se há de salgar?"
Mateus, 5:13

11 MAI

12 MAI

ANDE COMO JESUS ANDOU

Os filhos queridos de Deus são instruídos a serem "imitadores de Deus". Ser um seguidor de Jesus é viver de maneira semelhante a Ele. Nosso comportamento deve ser como foi o de Jesus. Diz-se de Cristo que "quando foi injuriado, não tornou a injuriar". Embora tenha sofrido maus-tratos, não procurou se vingar. Viva uma vida piedosa é ande como Jesus andou.

C. E. Orr. In: Como viver uma vida santificada.

"Apresenta-te a Deus aprovado, como obreiro que não tem de que se envergonhar."
2 Timóteo, 2:15

LEITURA BÍBLICA
SALMOS, 128

"Os que menos duvidam da benevolência divina têm fé, amor e a mais serena alegria, recebem bênçãos que chegam frescas e brilhantes como a luz da manhã."
J. MARTINEAU

BONS FRUTOS PARA DEUS

O fruto de todas as ações humanas é a alegria ou a tristeza. A alegria, por ser um fruto bom, necessariamente procede de uma raiz boa; e a tristeza, por ser má, procede de uma raiz má. Há duas sementes ou raízes diferentes no ser humano: o amor a Deus e o amor a nós mesmos. A alegria verdadeira procede do amor a Deus, e a tristeza e angústia mental, do amor a nós mesmos.

Johann Arndt. In: Verdadeiro cristianismo.

LEITURA BÍBLICA
LUCAS, 6:39-46

"Toda a árvore boa produz bons frutos, e toda a árvore má produz frutos maus."
Mateus, 7:17

13 MAI

DESCANSE EM DEUS

Para ter verdadeira satisfação, descanso e contentamento na vida cristã – e não há verdadeiro descanso fora da vida cristã –, tenha a plena certeza de que está fazendo a vontade de Deus. Você pode viver suficientemente perto de Deus para conhecer Sua vontade. Apresente-se diante de Deus dizendo: "Abro mão de meu caminho e de minha vontade para sempre, para ser teu e somente teu; para amar-te e servir-te; para fazer toda a tua vontade agora e para sempre".

C. E. Orr. In: *Como viver uma vida santificada.*

"Dirige os meus passos nos teus caminhos, para que as minhas pegadas não vacilem."
Salmos, 17:5

LEITURA BÍBLICA
JEREMIAS, 17: 5-10

 Que eu possa acordar preparado para os deveres de um novo dia.
J. R. MACDUFF

RECEBA O PERDÃO

Pedro disse à família de Cornélio: "Todo aquele que nele crer receberá a remissão dos pecados" (Atos, 10:43). Ele não disse: "todo aquele que nele crer e se unir à igreja certa, ou for batizado da maneira certa, ou viver o tipo certo de vida", mas simplesmente: "todo aquele que nele crer" e, depois, acrescenta a promessa clara: "receberá a remissão dos pecados".

T. T. Martin. In: *O plano de Deus para a humanidade.*

LEITURA BÍBLICA
SALMOS, 18:1-24

"Apaguei as tuas transgressões como a névoa, e os teus pecados como a nuvem; torna-te para mim, porque eu te remi."
Isaías, 44:22

16 MAI

ACEITE O RESGATE

"Nele temos a redenção por meio de seu sangue, o perdão dos pecados, de acordo com as riquezas da graça de Deus."
Efésios, 1:7

📖 LEITURA BÍBLICA
SALMOS, 131

A primeira grande dádiva de Deus é o perdão. Enquanto o pecado não for perdoado, não há libertação de qualquer tipo. Quando Deus convida um pecador a voltar para Ele, primeiro lhe assegura que o pecado foi apagado: "Como se fossem uma nuvem, varri para longe suas ofensas; como se fossem a neblina da manhã, os seus pecados. Volte para mim, pois eu o resgatei" (Isaías, 44:22).

Edward Hoare. In: Redenção.

 Todas as bênçãos que podemos receber de Deus devem nos tornar uma pessoa melhor.
C. KINGSLEY

ESCOLHA SER SÁBIO

📖 LEITURA BÍBLICA
1 REIS, 3: 5-12

"Se algum de vós tem falta de sabedoria, peça-a a Deus, que a todos dá liberalmente, e ser-lhe-á dada."
Tiago, 1:5

Ninguém pode ler a história da vida de Salomão, conforme consta na Bíblia, sem se maravilhar. Em um sonho, Deus aparece a ele, perguntando o que ele mais deseja. Com humildade e seriedade, ele pede sabedoria. A maioria das pessoas teria pedido muita riqueza material, mas Salomão pediu uma mente que pudesse ver a diferença entre o certo e o errado, a melhor sabedoria que qualquer vida humana pode ter.

J. G. K. McClure. In: Viver para o melhor.

17 MAI

18 MAI

CAMINHE COM FÉ

A fé é o sentido espiritual da alma. Somente pela fé entramos em contato com Deus. A fé espera em silêncio para ouvir, entender e aceitar o que Deus diz. Pela fé damos as boas-vindas a Deus, para que entre e faça Sua morada conosco. Sempre temos de reaprender essa verdade. Como a santidade é a maior glória de Deus e a maior bênção que Ele tem para nós, é especialmente na santidade que precisamos viver somente pela fé.

Andrew Murray. In: Santidade em Cristo.

"O justo viverá pela fé; e, se ele recuar, a minha alma não tem prazer nele."
Hebreus, 10:38

 **LEITURA BÍBLICA**
1 PEDRO, 1:6-9

 Para ter acesso total a Deus em oração, deve haver um abandono total do pecado consciente.
EDWARD BOUNDS

COMPAIXÃO É UMA VIRTUDE

Amar aos semelhantes é uma tarefa difícil. É tão difícil que apenas alguns, em qualquer época, conseguem. O segredo é a compaixão, a mais bela de todas as características de Jesus. Ele fez da compaixão a virtude social suprema. Somente pela compaixão podemos compreender os que diferem de nós em termos de temperamento, e podemos amá-los. O mais terrível erro de uma pessoa é julgar sem misericórdia e negar o perdão.

W. J. Dawson. In: O império do amor.

 **LEITURA BÍBLICA**
MARCOS, 6:32-44

"O Senhor é bom para todos; a sua compaixão alcança todas as suas criaturas."
Salmos, 145:9

19 MAI

20 MAI

CRISTO NOS REDIMIU

"O Filho do homem veio buscar e salvar o que se havia perdido."
Lucas, 19:10

LEITURA BÍBLICA
SALMOS, 103

O Evangelho mostra que Deus colocou os humanos sob a lei, não para que fossem salvos por cumpri-la, mas para que pudessem ver a necessidade de um Salvador, que os redimisse da maldição da lei. Depois de os redimir, adotou-os como Seus filhos. O plano é tão maravilhoso que é difícil para humanos compreenderem. Não é simplesmente salvá-los, mas colocá-los acima de todos os outros seres criados.

T. T. Martin. In: O plano de Deus para a humanidade.

> É feliz quem despreza as vaidades terrenas e vive para Deus. Abençoado é quem tem o coração repleto da graça divina.
> J. ARNDT

FIRMES NA PROMESSA

LEITURA BÍBLICA
GÁLATAS, 3:17-27

"Não atentando nós nas coisas que se veem, mas nas que se não veem; porque as que se veem são temporais, e as que se não veem são eternas."
2 Coríntios, 4:18

A palavra de Deus ensina que Abraão obteve a promessa com fé e paciência. Por meio de sua aliança com Abraão, provou que cumpre suas promessas. Deus mostrou ao seu povo, herdeiro das promessas, a imutabilidade de seu juramento, que é impossível para Ele quebrar sua palavra e que devemos aguardar com perfeita confiança que Ele fará exatamente o que prometeu.

J. W. Byers. In: Santificação.

21 MAI

SEPARADOS PARA DEUS

22 MAI

Descobrimos, ao estudar as palavras de São Paulo a Tito, que nosso bendito Salvador nos redimiu para sermos um povo especial para Ele. Por meio da expiação o caminho fica aberto até o trono de Deus, e pelo chamado do Espírito Santo somos separados para viver como Seus filhos. Como povo escolhido de Deus, somos levados para perto de Deus, a fim de que possamos glorificar Seu nome.

E. Hoare. In: Redenção.

"Purifiquemo-nos de toda a imundícia da carne e do espírito, aperfeiçoando a santificação no temor de Deus."
2 Coríntios, 7:1

LEITURA BÍBLICA
EFÉSIOS, 5:26-33

O amor não sente nenhum fardo, faz de bom grado mais do que é capaz, não alega impossibilidade, porque sente que pode fazer todas as coisas.
T. KEMPIS

RENOVE SUA MENTE

Queremos que os outros sejam corrigidos com rigor, mas não queremos ser corrigidos. Desejamos que sejam estabelecidas regras para restringir os outros, mas de modo algum permitimos ser restringidos. Assim, fica claro quão raramente pesamos nosso próximo na mesma balança que nós mesmos. Deus ordenou que aprendamos a suportar os fardos uns dos outros, porque ninguém é isento de defeitos, e que nos confortemos e nos ajudemos uns aos outros.

T. Kempis. In: A imitação de Cristo.

LEITURA BÍBLICA
TITO, 3

"E vos renoveis no espírito da vossa mente."
Efésios, 4:23

23 MAI

24 MAI

DEUS É NOSSO GUIA

Assim como o marinheiro localiza sua posição no mar mirando o Sol, podemos nos orientar moralmente olhando para Deus. Comece aceitando Deus como Ele é, aprendendo a amá-Lo pelo que Ele é. À medida que você O conhece melhor, descobre que é uma fonte de alegria indescritível o fato de Deus ser amor. Alguns dos momentos mais arrebatadores que conhecemos são os que passamos em admiração pela Divindade.

W. Tozer. À procura de Deus.

"Alegrai-vos por estarem os vossos nomes escritos nos céus."
Lucas, 10:20

LEITURA BÍBLICA
COLOSSENSES, 1: 23-29

 Há só este significado para cristianismo: um tipo de vida que reproduz da forma mais precisa possível o espírito e a vida de Jesus.
W. J. DAWSON

SEJA COMO OS ANJOS

Quando o ser humano foi criado, a imagem da Trindade foi impressa nele, a fim de que a santidade, a justiça e a bondade de Deus pudessem brilhar em sua alma, difundir luz abundante. Todas as nossas ações devem refletir apenas o amor, a pureza e o poder divinos e, nossa vida na Terra deve se assemelhar à dos anjos no céu, sempre empenhados em fazer a vontade de seu Pai Celestial.

J. Arndt. In: Verdadeiro cristianismo.

LEITURA BÍBLICA
HEBREUS, 12:1-3

"Tudo quanto fizerdes, fazei-o de todo o coração, como ao Senhor, e não aos homens."
Colossenses, 3:23

25 MAI

26 MAI

EXPERIMENTE A GRAÇA

A santificação é o estado normal do cristão. O Pai, o Filho e o Espírito Santo querem que você alcance essa graça. Sua unidade com a Divindade é incompleta sem ela, assim como sua unidade com os outros. Quando essa experiência abençoada é alcançada, vem com ela a consciência da pureza interior que satisfaz plenamente o coração, e podemos cantar: "Aleluia pela purificação!"

J. W. Byers. In: Santificação.

"O que santifica e os santificados são todos de um; por cuja causa não se envergonha de lhes chamar irmãos."
Hebreus, 2:11

 **LEITURA BÍBLICA**
HEBREUS, 2:1-11

 Viva totalmente pela influência divina e crie para si mesmo prazeres infinitamente maiores do que qualquer outro – um estilo de vida celestial.
J. P. GREAVES

VIDA CRISTÃ

Algumas pessoas pensam que salvação e recompensas significam a mesma coisa, mas o Salvador fez uma clara distinção. A salvação é gratuita, dada por Jesus, mas tesouros no Céu devem ser conquistados. Paulo esclarece: "Pela graça sois salvos, mediante a fé; e isto não vem de vós; é dom de Deus; não vem das obras, para que ninguém se glorie". "Cada um receberá o seu galardão segundo o seu trabalho".

T. T. Martin. In: O plano de Deus para a humanidade.

 **LEITURA BÍBLICA**
JOÃO, 10:1-18

"Minhas ovelhas ouvem a minha voz, e eu conheço-as, e elas me seguem."
João, 10:27

27 MAI

28 MAI

DÁDIVAS DO CÉU

"Tu és o meu Deus, e eu te louvarei; tu és o meu Deus, e eu te exaltarei."
Salmos, 118:28

LEITURA BÍBLICA
TIAGO, 1:12-17

As misericórdias diárias nos chegam como dádivas do Pai Celestial. Feliz de quem as recebe como vindas do alto e agradece ao Pai por tudo! Regozije-se com o pensamento de que tudo o que você tem vem do alto, seu pão de cada dia estampado com a própria inscrição do céu, e cada bênção chega até você perfumada com o unguento e a mirra dos palácios de onde Deus distribui Suas recompensas.

C. Spurgeon. In: *Colheitas entre os feixes*.

> Em cada ação, pergunte a si mesmo: 'O que é certo, qual é o meu dever, o que Deus quer que eu faça?'. Assim vai se poupar de problemas, tristezas e ansiedades.
> C. KINGSLEY

BUSQUE O SENHOR DA VIDA

LEITURA BÍBLICA
1 CORÍNTIOS, 15:19-31

"Sempre dou graças ao meu Deus por vós pela graça de Deus que vos foi dada em Jesus Cristo."
1 Coríntios, 1:4

A impossibilidade de fazer as coisas do jeito que gostaríamos nos leva a procurar ajuda. Há uma realidade na qual se torna fácil e simples: a unidade com o Senhor da Vida. Orar é a primeira coisa a ser feita. A Bíblia nos leva a Jesus, e a sempre reveladora graça de Deus. Em Cristo estão escondidos todos os tesouros da sabedoria e do conhecimento.

G. MacDonald. In: *Sermões não proferidos*.

29 MAI

O JUGO SUAVE

Para homens e mulheres de todos os lugares, Jesus diz: "Vinde a mim, e eu vos aliviarei". O descanso que Ele oferece é a mansidão, o alívio abençoado que vem quando nos aceitamos como somos e deixamos de fingir. É preciso um pouco de coragem no início, mas a graça necessária vem à medida que aprendemos que compartilhamos esse jugo com o Filho forte de Deus. Ele o chama de "meu jugo", e afirma que é suave.

A. W. Tozer. In: À procura de Deus.

30 MAI

"Louvarei o nome de Deus com um cântico, e engrandecê-lo-ei com ação de graças."
Salmos, 69:30

LEITURA BÍBLICA
SALMOS, 22:23-31

 Seja como uma pequena flor branca que vemos na primavera, abrindo seu seio para receber os agradáveis raios da glória do Sol, difundindo ao redor uma doce fragrância.
J. EDWARDS

DEUS CUIDA DO AMANHÃ

Fique tranquilo com o amanhã, lembrando-se de que está nas mãos de Deus, que todos os eventos estão sob Seu comando. Embora não conheça todos os caminhos da providência, Ele os conhece, e sua vida é ordenada por Sua sabedoria. Olhe para os dias vindouros e diga: "Serão de ouro, todos carimbados com a marca do Rei e, portanto, não me deixarão pior, porque trabalharão para o meu bem".

C. Spurgeon. Colheitas entre os feixes.

LEITURA BÍBLICA
SALMOS, 125

"Não vos inquieteis, pois, pelo dia de amanhã."
Mateus, 6:34

31 MAI

"E irá adiante dele no espírito e virtude de Elias, para converter os corações dos pais aos filhos, e os rebeldes à prudência dos justos, com o fim de preparar ao Senhor um povo bem disposto."

Lucas, 1:17

Junho

01 JUN

"Não estejais inquietos por coisa alguma; antes as vossas petições sejam em tudo conhecidas diante de Deus pela oração e súplica, com ação de graças."
Filipenses, 4:6

PENSAMENTO DO DIA

A menos que o coração seja mantido em paz, a vida não será feliz. Se a calma não reinar no lago interior de sua alma, que alimenta os rios de sua vida, esses rios estarão sempre em tempestade.

Charles Spurgeon

REFLEXÕES

_____
_____
_____
_____
_____
_____

COMO FALAR COM DEUS

A palavra "oração" expressa a maior e mais abrangente abordagem a Deus. É a comunhão e o relacionamento com Deus. É o gozo de Deus. É o acesso a Deus. Já "súplica" é uma forma de oração mais restrita e mais intensa, acompanhada de um senso de necessidade pessoal, limitada à busca urgente de um suprimento para uma necessidade premente, é a oração na forma de implorar por algo muito necessário, e a necessidade é intensamente sentida.

A "intercessão" é uma ampliação da oração, uma saída ampla e completa de si mesmo para os outros. Concentra-se em orar pelos outros, mas refere-se à liberdade, ousadia e confiança da oração. É a plenitude da influência confiante na aproximação da alma a Deus, ilimitada e inabalável em seu acesso e em suas exigências. Essa influência e confiança devem ser usadas para os outros.

Pedir a Deus e receber do Senhor nos coloca em conexão imediata com Deus. E isso é oração. Qual é a vontade de Deus com relação à oração? Em primeiro lugar, é a vontade de Deus que oremos. Jesus Cristo contou a seus discípulos uma parábola com este fim: que convém orar sempre e não desfalecer.

E. M. Bounds. In: *A realidade da oração.*

LEITURA BÍBLICA
LUCAS, 18:1-8

DEUS NOS SUSTENTA

02 JUN

Os ilimitados depósitos da Providência estão disponíveis para seu sustento. Cristo é o nosso José, que tem celeiros cheios de trigo, mas Ele não nos trata como José tratou os egípcios. Ele abre a porta de seu armazém e nos concede todos os seus bens, e prometeu que um dia a propriedade será toda nossa. O eixo das rodas da carruagem da Providência é o Amor Infinito, e a Graciosa Sabedoria é o cocheiro perpétuo.

C. H. Spurgeon. In: Colheitas entre os feixes.

"Deus, segundo as suas riquezas, suprirá todas as vossas necessidades."
Filipenses, 4:19

LEITURA BÍBLICA
DEUTERONÔMIO, 8:6-11

 A cada momento, sem ansiedade, de acordo com a força que Deus me der, farei o trabalho que Ele me designar.
F. DE LA M. FÉNELON

O TOQUE DIVINO

Em nossa hora de maior necessidade olhamos para cima e desejamos ter um contato realmente próximo com Deus. Fomos feitos assim, como Ele mesmo. E Deus anseia pelo toque humano. Quando Ele nos criou, soprou em nossas narinas o fôlego de Sua vida. Ele dá um pouco de Si mesmo. Não estamos completos criativamente até que uma parte d'Ele venha a fazer parte de nós.

S. D. Gordon. In: Conversas tranquilas sobre seguir a Cristo.

LEITURA BÍBLICA
SALMOS, 25:1-11

"Ainda que eu andasse pelo vale da sombra da morte, não temeria mal algum, porque tu estás comigo."
Salmos, 23:4

03 JUN

04 JUN

"O Senhor, pois, é aquele que vai adiante de ti; ele será contigo, não te deixará, nem te desamparará; não temas, nem te espantes."
Deuteronômio, 31:8

LEITURA BÍBLICA
SALMOS, 119:43-56

DEUS ATENDE AOS DESEJOS

Ó Pai, nos voltamos a Ti, porque em nossa experiência de fracasso lutamos em vão. Nunca conseguimos nos perdoar. Nossos desejos nos levaram finalmente a Ti. Depois de todos os esforços, estamos conscientes de que somente Tu podes atender às nossas necessidades. Revela a Ti mesmo, sua cura, e em todo desejo, ensina-nos a discernir Tua aproximação.

W. E. Orchard

"Acredite que há uma mão que o sustenta para guiá-lo ao longo do caminho, uma proteção invisível e um guia infalível. Um apoio para seus passos cansados."
C. KINGSLEY

TENHA SEDE DE DEUS

LEITURA BÍBLICA
SALMOS, 73

"Olharei para o Senhor; esperarei no Deus da minha salvação; o meu Deus me ouvirá."
Miquéias, 7:7

Não vivemos pelas coisas que não temos certeza, mas pelas coisas nas quais acreditamos. Há experiências que fazem as pessoas se voltarem para Deus como seu único refúgio e esperança. Elas nunca encontraram Deus de fato até que precisaram d'Ele. Algumas só sentiram Sua necessidade até que a vida trouxe uma experiência devastadora. Os grandes crentes precisam ter sede de Deus.

Harry Emerson Fosdick. In: O sentido da fé.

05 JUN

DEUS NOS DÁ SEU ESPÍRITO

06 JUN

Quando se sentir tentado, entregue seu espírito nas mãos do Pai. Se nós, sendo maus, sabemos dar boas dádivas a nossos filhos, Deus nos dará seu espírito se pedirmos. Descerá um orvalho celestial sobre a raiva. Uma gota de chuva sobre o egoísmo. Um raio de sol sobre a desesperança. Pão será dado, e não uma pedra, água será garantida, e não vinagre misturado com fel.

G. MacDonald. In: Sermões não proferidos.

"Inclina, ó Deus, os teus ouvidos à minha oração, e não te escondas da minha súplica."
Salmos, 55:1

LEITURA BÍBLICA
SALMOS, 141

> Não fique ansioso com coisas pequenas, mas aprenda a confiar tudo a Deus. Aja com fé, entregue a Ele suas preocupações e ansiedades diárias.
>
> E. B. PUSEY

SIRVA A JESUS

LEITURA BÍBLICA
MARCOS, 1:14-22

"Siga-me" não é o mesmo que "Venha após Mim". Jesus repetiu várias vezes, em circunstâncias diferentes. Percebemos que Ele queria que essas palavras se destacassem como o grande convite aos Seus discípulos. Significa uma mudança radical de vida, estar na companhia constante de Jesus, compartilhar Sua vida. Você precisa ver o poder de Jesus, senti-lo, antes de estar apto a servir, ou mesmo para se preparar para o serviço.

S. D. Gordon

"Se alguém me serve, siga-me. E, se alguém me servir, meu Pai o honrará."
João, 12:26

07 JUN

08 JUN

"Conhecidas são a Deus, desde o princípio do mundo, todas as suas obras."
Atos, 15:18

LEITURA BÍBLICA
1 CORÍNTIOS, 10:23-31

FAÇA TUDO PARA DEUS

Humildade é sentir que, se temos talentos, é porque Deus os deu. Humildade é sentir que não temos poder por nós mesmos, mas que tudo vem de Deus. É apoiar-se em Jesus, dizendo: "Posso todas as coisas em Cristo, que me fortalece". É, de fato, aniquilar o ego e exaltar o Senhor Jesus.

C. H. Spurgeon. In: Colheitas entre os feixes.

"Pequenas coisas estão ao seu alcance, e elas podem impulsionar seu crescimento em santidade. A fidelidade na busca sincera de agradar a Deus nas pequenas coisas é uma prova de verdadeira devoção e amor."

JEAN N. GROU

LEITURA BÍBLICA
ROMANOS, 11:26-36

"Deus é o que opera em vós tanto o querer como o efetuar, segundo a sua boa vontade."
Filipenses, 2:13

A INFLUÊNCIA DA FÉ

Senhor, conceda a todos nós as misericórdias especiais de que necessitamos, força onde a fraqueza prevalece, e paciência onde a coragem falha. Rogamos que aqueles que precisam de socorro possam ser erguidos e sustentados. Que os que vagueiam na dúvida e na escuridão possam sentir a doce influência da fé. Conceda aos que estão com o coração cansado por causa da esperança adiada que encontrem o Deus de toda a salvação.

H. W. Beecher

09 JUN

10 JUN

SAIBA ORAR

Não há nada de que precisemos tanto quanto aprender a orar. Há duas maneiras: sendo instruído, ou observando outra pessoa. A última é a mais simples. Aprendemos melhor a orar observando como Jesus orava e tentando imitá-Lo. Não é estudar o que Ele disse sobre a oração, mas sim como Ele mesmo orou quando estava aqui na Terra, cercado pelas mesmas circunstâncias e tentações que você.

S. D. Gordon. In: *Conversas tranquilas sobre oração.*

"Tu, Senhor, és bom, e pronto a perdoar, e abundante em benignidade para todos os que te invocam."
Salmos, 86:5

 **LEITURA BÍBLICA**
LAMENTAÇÕES, 3:22-32

 Permaneça em paz na presença de Deus. Faça o pouco que depende de você, e deixe que todo o resto seja feito por Ele.
F. FÉNELON

DEUS SABE O QUE PRECISAMOS

Tudo o que pedirmos e que não for para o nosso bem, Deus reterá de nós. E certamente não há menos amor nisso. O mesmo amor que O leva a dar um bem, também O leva a reter um mal. Se, em nossa cegueira, orarmos por coisas que se transformariam em tristeza, nosso Pai, por amor, nos nega. Quão terrível seria nossa sorte se nossos desejos se transformassem imediatamente em realidade. Um dia, nós O abençoaremos pelo que Ele concedeu, bem como pelo que Ele negou.

H. E. Manning

 **LEITURA BÍBLICA**
SALMOS, 79:9-13

"Deus é o meu ajudador."
Salmos, 54:4

11 JUN

12 JUN

VISLUMBRE CELESTIAL

"Como as aflições de Cristo são abundantes em nós, assim também é abundante a nossa consolação por meio de Cristo."
2 Coríntios, 1:5

LEITURA BÍBLICA
HEBREUS, 3

O Paraíso é sempre mostrado ao humilde que busca o descanso, a herança que Deus prometeu em Sua palavra. Deus nos dá vislumbres desse descanso celestial, sempre um jardim de flores desabrochando em nosso caminho. Viva de modo a diariamente sentir o clima celestial que confirma suas esperanças, revigora sua força e enobrece seus esforços.

A. H. Newton. In: Fora dos arbustos.

 "Ó Deus, provei Tua bondade, e ela me satisfez e me deixou sedento por mais. Mostra-me Tua misericórdia numa nova obra de amor em mim. Dê-me a graça de segui-Lo."
A. W. TOZER

DEUS VAI RESPONDER

LEITURA BÍBLICA
ROMANOS, 15: 3-13

"Ouve, ó Deus, o meu clamor; atende à minha oração."
Salmos, 61:1

O Pai ouve os clamores de Seus eleitos, os que Ele procura para adorá-Lo porque O adoram em espírito e em verdade. Se você clama dia e noite por justiça, mesmo que Deus pareça adiar uma resposta, Ele nos garante que responderá rapidamente. Pode ser que Ele esteja ocupado justamente por estar respondendo às suas orações. Nenhuma palavra deixará de ser atendida nem os olhos e a face do Pai deixarão de sorrir para você.

G. MacDonald. In: A esperança do Evangelho.

DIVINA CONVERSA

14 JUN

É a oração, a meditação e a conversa com Deus que refrescam, restauram e renovam o temperamento de sua mente, em todos os momentos, sob todas as provações, após todos os conflitos. Por meio desse contato com o mundo invisível você recebe força. Sem essa cura e revigoramento do espírito, os deveres se tornam um fardo, os acontecimentos da vida desgastam, e você se torna inquieto, irritável e impaciente.

H. E. Manning

"Deus é o nosso refúgio e fortaleza, socorro bem presente na angústia."
Salmos, 46:1

LEITURA BÍBLICA
SALMOS, 37:26-38

 Ó Deus meu, se a aflição é um mar profundo demais para nós, seja o nosso refúgio, nossa arca. Em todas as aflições, na doença, o Teu favor é nosso médico.
JOHN DONNE

CONVERSAS EDIFICANTES

LEITURA BÍBLICA
PROVÉRBIOS, 1: 2-16

Evite, tanto quanto possível, ser contaminado pela vaidade. Muitas vezes, falamos e fofocamos, sem perceber que isso causa algum dano à nossa consciência. Devemos vigiar e orar para falarmos sobre coisas que sejam para edificação. A conversa devota sobre coisas celestiais ajuda muito no progresso espiritual, principalmente quando as pessoas de mente e espírito afins encontram sua base de comunhão em Deus.

T. Kempis. In: A imitação de Cristo.

"O homem bom tira boas coisas do bom tesouro do seu coração."
Mateus, 12:35

15 JUN

16 JUN

O AMOR ACIMA DE TUDO

"Revesti-vos de amor, que é o vínculo da perfeição."
Colossenses, 3:14

 **LEITURA BÍBLICA**
1 JOÃO, 4:1-8

A caridade é corretamente chamada de "a rainha das graças cristãs". "O fim do mandamento", diz Paulo, "é a caridade". É uma graça que todas as pessoas admiram. Veja o que Jesus Cristo diz sobre amor, outro nome para caridade: "Um novo mandamento vos dou: Que vos ameis uns aos outros; como eu vos amei a vós, que também vós uns aos outros vos ameis. Nisto conhecerão todos que sois meus discípulos, se tiverdes amor uns aos outros".

J. C. Ryle. In: Religião na prática.

 "Um só ato de abnegação para cumprir o dever vale todos os bons pensamentos, sentimentos e orações com os quais você tente aparentar caridade."
J. H. NEWMAN

DEUS É SEU AMIGO

 **LEITURA BÍBLICA**
MATEUS, 4:18-25

"A graça do Senhor Jesus Cristo, o amor de Deus, e a comunhão do Espírito Santo seja com todos."
2 Coríntios, 13:14

Ninguém é tão digno da consolação celestial quanto aquele que vive em santa comunhão com Deus. Se quiser sentir comunhão em seu coração, entre em seu quarto e deixe de lado os tumultos do mundo. Nesse retiro, você se torna doce, mas se não permanecer nele, gera cansaço. Se você sempre tiver sua conversa com o Senhor, Deus será para você um amigo querido e um consolo muito agradável.

T. Kempis. In: A imitação de Cristo.

17 JUN

PRODUZA BONS FRUTOS

18 JUN

Sem caridade, nenhuma obra é proveitosa, mas tudo o que é feito com caridade, por menor que seja, produz bons frutos. Muitas vezes, o que parece ser caridade é, na verdade, esperança de retribuição. Quem tem caridade verdadeira não inveja ninguém, porque não almeja alegria egoísta, mas sim servir a Deus.

T. Kempis. In: A imitação de Cristo.

"Para que em tudo enriqueçais para toda a beneficência, a qual faz que por nós se deem graças a Deus."
2 Coríntios, 9:11

 **LEITURA BÍBLICA**
ROMANOS, 13: 8-14

 Tenha o cuidado de passar o tempo de tal forma que nada o impeça de prestar a mais constante atenção à voz do verdadeiro Pastor.
JOHN WOOLMAN

COMUNHÃO COM DEUS

É impossível viver em comunhão com Deus sem santidade em todos os deveres da vida. Desobedecer à consciência quando ela aponta para os deveres apaga os primeiros sinais de devoção. Não podemos viver com brigas, violações e palavras iradas. O egoísmo, a falta de simpatia com os sofrimentos e as tristezas das pessoas e a negligência dos ofícios de caridade escurecerão nosso coração e esconderão de nós a face de Deus.

H. E. Manning

 **LEITURA BÍBLICA**
MATEUS, 20:20-28

"Os passos de um homem bom são confirmados pelo Senhor, e deleita-se no seu caminho."
Salmos, 37:23

19 JUN

20 JUN

AMAR É DIVINO

Quem ama seus semelhantes tem as portas do Céu sempre abertas. A verdadeira religião é a religião do Amor. Aceitar essa religião exige de nós apenas uma qualidade: o coração da criancinha que não perdeu suas emoções. A condição de entrada é seguir Jesus em todos os atos e pensamentos, construir nossa vida com base em Seus ideais de amor e justiça, lembrando sempre que Ele é mais do que a Verdade, Ele é o Caminho.

W. J. Dawson. In: O império do amor.

"Aquele que não ama não conhece a Deus; porque Deus é amor."
1 João, 4:8

LEITURA BÍBLICA
1 PEDRO, 4:1-8

A verdadeira observância dos mandamentos de Deus acompanha inseparavelmente a verdadeira oração.
EDWARD BOUNDS

FAÇA O CERTO

Se Deus requer algo de você, não recue pensando que pode cometer alguma falha. É melhor obedecer de forma imperfeita do que não obedecer. Talvez você evite certas pessoas, porque elas o deixam irritado e impaciente. Mas, como você vai alcançar o autocontrole evitando todas as ocasiões de praticá-lo? Busque uma mente firme para fazer o que é certo, vá aonde o dever o chamar e Deus perdoará as falhas que ocasionalmente fizer.

Jean N. Grou

LEITURA BÍBLICA
PROVÉRBIOS, 16:20-33

"Quem é de Deus escuta as palavras de Deus."
João, 8:47

21 JUN

22 JUN

O ENCONTRO COM DEUS

Por que algumas pessoas "encontram" Deus e outras não encontram? Ele não tem favoritos em Sua casa. Tudo o que Ele já fez por qualquer um de Seus filhos, Ele fará por todos os Seus filhos. Ele está sempre tentando revelar-se a nós, comunicar-se conosco. Temos dentro de nós a capacidade de conhecê-Lo se apenas respondermos a Seus apelos. Isso é buscar a Deus! Nós O conheceremos se nossa receptividade se tornar mais perfeita por meio da fé e do amor.

A. W. Tozer. In: À procura de Deus.

"Se alguém ama a Deus, esse é conhecido dele."
1 Coríntios, 8:3

 **LEITURA BÍBLICA**
1 JOÃO, 5:1-8

 Há uma doce melodia na palavra 'santidade' associada a tudo o que é celestial. A santidade é a consumação do trabalho de santificação.
CHARLES E. ORR

FIQUE A SÓS COM DEUS

Procure um momento adequado para sua meditação e pense frequentemente nas misericórdias de Deus para com você. Estude assuntos que lhe tragam maior conhecimento de Deus. Se você se afastar de conversas fúteis e de novidades e fofocas, verá que seu tempo será suficiente e adequado para uma boa meditação. Os maiores santos preferiam viver em comunhão com Deus.

T. Kempis. In: A imitação de Cristo.

 **LEITURA BÍBLICA**
SALMOS, 77:12-20

"Graça e paz vos sejam multiplicadas, pelo conhecimento de Deus, e de Jesus nosso Senhor."
2 Pedro, 1:2

23 JUN

24 JUN

VIVA EM PAZ E AMOR

"Misericórdia, e paz, e amor vos sejam multiplicados."
Judas, 1:2

LEITURA BÍBLICA
FILIPENSES, 4:10-19

O fato de uma pessoa ser perfeita não é entendido para os corações não regenerados, porque não entende Deus nem seu poder de libertar pessoas do pecado. Há uma perfeição nas Escrituras, relacionada a ações corretas e à pureza de afeições, que os cristãos têm o privilégio de experimentar nesta vida, ensinada por Paulo à igreja de Corinto: "Sede perfeitos, vivei em paz; e o Deus de amor e de paz estará convosco".

Charles E. Orr. In: A luz do cristianismo.

 A caridade é o primeiro fruto do Espírito. 'O fruto do Espírito é o amor'. Quem tem caridade ama a Deus de coração, alma e mente.
J. C. RYLE

AMAR É A PERFEIÇÃO

LEITURA BÍBLICA
MIQUÉIAS, 7-18:20

"O amor não faz mal ao próximo. De sorte que o cumprimento da lei é o amor."
Romanos, 13:10

O amor ao próximo é o mesmo que caridade, benevolência ou boa vontade: é uma afeição pelo bem e pela felicidade de nossos semelhantes. Isso requer uma disposição para produzir felicidade, e essa é a noção simples de bondade, que parece tão amável onde quer que a encontremos. É fácil perceber que a perfeição da bondade consiste no amor a todo o Universo. Esta é a perfeição do Deus Todo-Poderoso: amar.

Joseph Butler. In: A natureza humana.

25 JUN

CAMINHO DA ADORAÇÃO

26 JUN

Jesus disse à mulher de Samaria que o Pai busca adoradores, o primeiro ensinamento registrado sobre oração. Isso dá um vislumbre maravilhoso sobre a adoração satisfazer a Deus, pois busca verdadeiros adoradores, e a verdadeira adoração é em espírito e verdade. O Filho veio para ensinar o caminho para essa adoração, e nós aprendemos o que é orar em espírito e em verdade e, assim, alcançar a graça de Deus.

A. Murray. In: Ensina-nos a orar.

"Tu és o meu Deus, de madrugada te buscarei; a minha alma tem sede de ti."
Salmos, 63:1

LEITURA BÍBLICA
JOÃO, 14:16-21

> O que chamamos de consciência é a voz de Deus desejando a união com nossa vontade, convidando-nos a ter a união de um só espírito com o Senhor.
> *J. P. GREAVES*

DEUS NOS CARREGA

Todas as boas novas do céu são verdades essenciais que prometem ajuda. As boas notícias para nós são de amor edificante, e ninguém pode ser edificado se não quiser se erguer. Se Deus tentar erguer você sem seu consentimento, você poderia cair e ficar frustrado. Ele o carregará em Seus braços até que seja capaz de andar, mas Ele não o carregará se não quiser receber Sua ajuda.

G. MacDonald. In: A esperança do Evangelho.

LEITURA BÍBLICA
SALMOS, 46

"Ó Deus, não te alongues de mim; meu Deus, apressa-te em ajudar-me."
Salmos, 71:12

27 JUN

28 JUN

VIVA EM HUMILDADE

"O galardão da humildade e o temor do Senhor são riquezas, honra e vida."
Provérbios, 22:4

LEITURA BÍBLICA
COLOSSENSES, 2:18-23

Seu amor a Deus será medido pelo amor que demonstra às pessoas. O mesmo acontece com a humildade. Só a humildade para com as pessoas prova que sua humildade diante de Deus é real. Quando, na presença de Deus, a humildade de coração tiver se tornado não uma postura, mas o próprio espírito de sua vida, ela se manifestará em todo o seu relacionamento com os irmãos.

Andrew Murray. In: A beleza da santidade.

"Agora que está salvo, mantenha os hábitos de vigiar, orar, resistir e perseverar até o fim, e então sua salvação receberá o selo da eternidade."
C. E. ORR

RENOVAÇÃO DIÁRIA

LEITURA BÍBLICA
1 PEDRO, 3:15-21

"Perseveravam na doutrina dos apóstolos, e na comunhão, e no partir do pão, e nas orações."
Atos, 2:42

A vida de um cristão deve conter todas as virtudes, para que ele possa ser interiormente o que aparenta exteriormente. Deve ser ainda melhor por dentro do que por fora, pois Deus é quem verifica nosso coração, a quem devemos reverenciar, bem como andar puros em Sua presença, como fazem os anjos. Devemos renovar diariamente nossos votos como se cada dia fosse o primeiro dia de nossa conversão.

T. Kempis. In: A imitação de Cristo.

29 JUN

DEIXE SUA VIDA NAS MÃOS DE DEUS

30 JUN

Para os que começaram a confiar no Senhor, confiem n'Ele de fato e de direito. Que sua fé seja a coisa mais real e prática de toda a sua vida. Não confie no Senhor por mero sentimento em relação a algumas grandes coisas espirituais, mas confie n'Ele para tudo, para sempre, por toda a eternidade, para o corpo e para a alma. Veja como o Senhor sustenta o mundo em nada além de Sua palavra! Ele não tem sustentação nem pilar. O Senhor pode e suportará toda a pressão que a fé possa exercer sobre ele. Os maiores problemas são fáceis para Seu poder, e os mistérios mais obscuros são claros para Sua sabedoria. Confie em Deus até o fim. Apoie-se, e apoie-se fortemente; sim, apoie todo o seu peso e qualquer outro peso sobre o Poderoso Deus.

O futuro você pode deixar em segurança com o Senhor, que sempre vive e nunca muda. O passado está agora nas mãos de seu Salvador, e você nunca será condenado por ele, pois o Senhor lançou suas iniquidades no meio do mar. Acredite neste momento em seus privilégios atuais. Você está salvo. Se você é um crente no Senhor Jesus, você passou da morte para a vida, e está salvo.

C. H. Spurgeon. In: *Em torno do portão de entrada*.

"Lavai-vos, purificai-vos, tirai a maldade de vossos atos de diante dos meus olhos; cessai de fazer mal."
Isaías, 1:16

PENSAMENTO DO DIA

O céu mais alto é representado nas Escrituras como a casa de Deus. O templo de Deus não é um lugar para acomodar somente o Senhor, mas também as pessoas a quem o Filho de Deus salvou.

J. Edwards

 **REFLEXÕES**

_____
_____
_____
_____
_____
_____
_____

LEITURA BÍBLICA
SALMOS, 118:1-9

"E ouvi uma grande voz do céu, que dizia: Eis aqui o tabernáculo de Deus com os homens, pois com eles habitará, e eles serão o seu povo, e o mesmo Deus estará com eles, e será o seu Deus. E Deus limpará de seus olhos toda a lágrima; e não haverá mais morte, nem pranto, nem clamor, nem dor; porque já as primeiras coisas são passadas."

Apocalipse, 21:3-4

01 JUL

> "Dando graças ao Pai que nos fez idôneos para participar da herança dos santos na luz."
> *Colossenses, 1:12*

PENSAMENTO DO DIA

Onde quer que encontremos a Palavra de Deus seguramente pregada e ouvida, e os sacramentos administrados de acordo com a instituição de Cristo, ali, não se deve duvidar, há uma igreja de Deus.

João Calvino

REFLEXÕES

_____
_____
_____
_____
_____
_____

MANTENHA O CORAÇÃO PURO

O Evangelho nos conta como a caridade eterna foi revelada e demonstrada claramente em carne e osso na Terra, na vida e na morte de Jesus Cristo, nosso Senhor.

Mas você pode perguntar: "Como a Epístola fala da caridade de Deus?". Ela pede que as pessoas sejam caridosas, mas o nome de Deus nunca é mencionado nela. Olhem novamente para a epístola e verão uma palavra demonstrando a caridade mencionada pelo apóstolo Paulo como a virtude necessária aos cristãos é a caridade de Deus.

Ele diz: "A caridade nunca falha; ainda que falhem as profecias, cessem as línguas, desapareça o conhecimento, a caridade nunca falhará". Ora, se uma coisa nunca falha, deve ser eterna. E se for eterna, deve estar em Deus. Pois, como lembrei antes sobre outras coisas, o Credo Atanasiano nos diz (e nunca foi escrita uma palavra mais verdadeira ou mais sábia) que há apenas um eterno.

Mas, se a caridade não estiver em Deus, deve haver dois eternos. Deus deve ser um eterno, e a caridade outro eterno. Portanto, a caridade deve estar em Deus e ser de Deus, parte da essência e do ser de Deus, e não apenas os santos de Deus, mas o próprio Deus muito bondoso, que não tem inveja, não se ensoberbece, não busca os próprios interesses, não se irrita facilmente, não pensa mal, não se alegra com a iniquidade, mas sim com a verdade. Tudo suporta, tudo crê, tudo espera.

Charles Kingsley. In: As boas novas de Deus.

LEITURA BÍBLICA
1 TIMÓTEO, 2

CORAÇÃO CHEIO DE DEUS

02 JUL

Quem tem a graça de Deus em seu coração tem alegria e prosperidade, e sabe como extrair mais mel do favo. A caridade torna os alegres ainda mais alegres, iluminando o rosto, fazendo os olhos brilharem com dez vezes mais brilho. Há um néctar mais doce do que você jamais bebeu na fonte da misericórdia, sabendo que seu nome está registrado no livro da vida eterna.

C. H. Spurgeon. In: Colheitas entre os feixes.

"Cantai ao Senhor, vós que sois seus santos, e celebrai a memória da sua santidade."
Salmos, 30:4

LEITURA BÍBLICA
SALMOS 30

> Jesus afirmou: 'Os sãos não necessitam de médico, mas sim os doentes. Eu não vim chamar os justos, mas os pecadores ao arrependimento'.
> *T. KEMPIS*

FIQUE SEMPRE PERTO DE DEUS

Mantenha-se em companhia de outros cristãos, e você será mantido desperto, revigorado e encorajado a progredir mais rapidamente no caminho para o céu. Mas, ao tomar conselho com outras pessoas sobre os caminhos de Deus, tome cuidado para que a conversa seja inspirada por Jesus, que os olhos da fé estejam constantemente voltados para Ele, que seu coração esteja cheio de Deus.

C. Spurgeon. In: Colheitas entre os feixes.

LEITURA BÍBLICA
1 PEDRO, 5:8:14

"Eu, pois, apascentei as ovelhas da matança, as pobres ovelhas do rebanho."
Zacarias, 11:7

03 JUL

04 JUL

A ALEGRIA DO AMOR

Se o amor for divino, a alegria será divina. Enquanto seu coração estiver unido a Deus pelo verdadeiro amor, você será feliz. Isso é um antegozo da vida eterna, na qual seu amor e sua alegria serão aperfeiçoados. Viverá eternamente para Deus, e amor também será eterno, tão puro, imaculado e o celestial. Fluirá um rio de alegria, divino, puro, precioso, cheio de graça, glória e imortalidade. Adore a Deus em espírito e em verdade, ou seja, creia em Cristo, que cumpriu a Lei e o redimiu do pecado.

Johann Arndt. In: Verdadeiro cristianismo.

"Vivifica-me, ó Senhor, por amor do teu nome; por amor da tua justiça, tira a minha alma da angústia."
Salmos, 143:11

LEITURA BÍBLICA
HEBREUS, 10:19-24

 A oração não deve ser uma reflexão tardia. Não deve ser usada apenas 'em caso de emergência'. Ela deve ser a prioridade de nossa vida.
EDWARD BOUNDS

SEJA MISERICORDIOSO

Na parábola do rei que presta contas de seus servos, ele entrega o devedor impiedoso aos algozes, "até que pague tudo o que lhe é devido". O rei havia perdoado seu devedor, mas o devedor se recusou a fazer o mesmo. Se você não perdoar as ofensas das pessoas, suas ofensas permanecerão. Deus pode perdoar e você também pode. Deus é misericordioso, e você deve ser misericordioso.

G. MacDonald. In: A esperança do Evangelho.

LEITURA BÍBLICA
EFÉSIOS, 4:26-32

"Se não perdoardes aos homens as suas ofensas, também vosso Pai vos não perdoará as vossas."
Mateus, 6:15

05 JUL

DEUS É AMOR

06 JUL

Cristo usou a palavra "amor" como sendo a essência da natureza divina, pois Deus é amor. É a transmissão por meio de nossa vida daquilo que recebemos em comunhão com a glória do Ser Divino. Aquilo que existia no princípio entre o Pai e o Filho, que inspirou Seu sacrifício, aquilo que habita perenemente em Seu coração, que supera a definição. É o amor aquilo que nos é ordenado que tenhamos uns para com os outros.

F. B. Meyer. In: Amor até o fim.

"Amados, se Deus assim nos amou, também devemos amar uns aos outros."
1 João, 4:11

LEITURA BÍBLICA
EFÉSIOS, 4:12-16

 A recompensa de Deus para você será o amor. Ame, e Deus lhe pagará com a capacidade de amar mais, pois o amor é Deus dentro de você.
F. W. ROBERTSON

DEDIQUE-SE A AMAR

Por causa da leviandade de nosso coração e da negligência não sentimos as tristezas de nossa alma, mas muitas vezes rimos em vão quando temos bons motivos para chorar. Não há verdadeira liberdade nem alegria real, a não ser fazer as coisas por amor a Deus com uma boa consciência. Feliz é aquele que consegue se livrar de todas as causas de distração e se dedicar ao único propósito celestial: amar.

T. Kempis. In: A imitação de Cristo.

LEITURA BÍBLICA
ROMANOS, 12:1-10

"Todas as vossas coisas sejam feitas com amor."
1 Coríntios, 16:14

07 JUL

08 JUL

"O temor do Senhor é o princípio da sabedoria."
Provérbios, 9:10

📖 **LEITURA BÍBLICA**
JÓ, 12:6-16

A VIDA COM DEUS

Todo o bem que você tem está em Cristo, e n'Ele você recebeu sabedoria, justiça, santificação e redenção. Todo o bem da criatura redimida está relacionado a essas quatro coisas. Cristo é cada uma delas, e você não tem nenhuma delas a não ser n'Ele. Deus "escolheu as coisas loucas do mundo para confundir as sábias, e as coisas fracas do mundo para confundir as poderosas". Paulo explica por que Deus fez isso: para que nenhuma carne se glorie na presença de Deus.

Sermões selecionados de Jonathan Edwards.

> Deus, somos Teus. Tu és nosso. Queremos nos aproximar de Ti, a luz que brilha, e falar contigo como falamos com nossos amigos.
> C. SPURGEON

MANTENHA A FÉ

Os apóstolos tinham grande fé em Deus, pureza de coração, confiança na imortalidade, doutrinas que deveríamos nomear como a essência da fé cristã, crenças sobre as quais a atenção do cristão precisa se deter. Esses eram os tópicos sobre os quais suas mentes repousavam, e é isso que você obterá se buscar as Escrituras. A verdadeira religião está nas coisas que sempre estiveram presentes com eles.

J. Martineau. In: Estudos sobre o cristianismo.

 LEITURA BÍBLICA
1 TIMÓTEO, 1:12-20

"Guardando o mistério da fé numa consciência pura."
1 Timóteo, 3:9

09 JUL

CRISTIANISMO GENUÍNO

10 JUL

A religião que não tem espaço para questões sociais não é cristã. O cristianismo genuíno considera a questão social. A experiência religiosa deve afetar suas relações com seus semelhantes, as quais devem estar corretas com Deus. A fé sem obras é morta, e as obras dizem respeito às suas relações humanas. Esses princípios determinam a função da igreja, que é promover o cristianismo, e o cristianismo deve estabelecer neste mundo o reino dos céus.

W. Gladden. In: A igreja e a vida moderna.

"Mostra-me a tua fé sem as tuas obras, e eu te mostrarei a minha fé pelas minhas obras."
Tiago, 2:18

LEITURA BÍBLICA
TIAGO, 2:19-26

Agradeça a Deus por Ele ter falado com você, louve-O por isso e, aconteça o que acontecer, não vá na direção oposta.
D.L. MOODY

DEUS É REDENÇÃO

Por meio de sua graciosa vontade manifestada em Jesus, Deus é onipotente, misericordioso, justiça eterna e nos dá a remissão dos pecados. Ele é a verdade e a sabedoria eternas. Assim também é com Cristo. Ele se tornou a onipotência eterna, o Cabeça e Príncipe da paz, Salvador misericordioso, amor eterno, justiça imutável. Esse é o verdadeiro conhecimento de Deus, que consiste na fé.

Johann Arndt. In: Verdadeiro cristianismo.

LEITURA BÍBLICA
COLOSSENSES, 1:4-15

"Temos a redenção pelo seu sangue, a saber, a remissão dos pecados."
Colossenses, 1:14

11 JUL

12 JUL

EXALTE O AMOR

"Levantai as vossas mãos no santuário, e bendizei ao Senhor."
Salmos, 134:2

LEITURA BÍBLICA
ISAÍAS, 40:25-31

Tente contar as misericórdias de Deus. Veja se você consegue avaliar as riquezas que Deus lhe deu por meio de Jesus. Conte Seu amor eterno por você. Considere os tesouros da aliança eterna que Ele fez em seu favor. Cante em voz alta exaltando o amor e a graça que executou o plano de sua redenção. "Bendize, ó minha alma, ao Senhor!". Toda a natureza O louva. Se eu ficasse em silêncio, seria uma exceção no Universo.

C. Spurgeon. In: Colheitas entre os feixes.

> Os santos de Deus não consideram nada das coisas desta vida. Toda a sua esperança e afeição aspiram às coisas que são de cima, eternas e invisíveis.
>
> *T. KEMPIS*

PROCURE A VERDADE

LEITURA BÍBLICA
PROVÉRBIOS 4:20-27

"O coração do entendido adquire o conhecimento, e o ouvido dos sábios busca a sabedoria."
Provérbios, 18:15

É a Verdade que devemos procurar nas Escrituras Sagradas. Elas devem ser lidas no espírito em que foram escritas. Devemos buscar mais o que é proveitoso nos Evangelhos, o amor pela pura Verdade do Senhor, que permanece para sempre. Deus nos fala de diversas maneiras. Se quiser tirar proveito de sua leitura dos evangelhos, leia com humildade, simplicidade e honestidade.

T. Kempis. In: A imitação de Cristo.

JESUS É O FILHO DE DEUS

14 JUL

"E Jesus, respondendo, disse-lhe: Bem-aventurado és tu, Simão Barjonas, porque to não revelou a carne e o sangue, mas meu Pai, que está nos céus." (Mateus, 16:17).

Cristo disse essas palavras a Pedro quando ele professou sua fé n'Ele como o Filho de Deus. Nosso Senhor perguntava a seus discípulos quem as pessoas diziam que Ele era. Eles responderam que alguns diziam que Ele era João Batista, outros Elias, e outros Jeremias, ou um dos profetas. Simão Pedro foi o primeiro a responder: "Tu és o Cristo, o Filho do Deus vivo".

Sermões selecionados de Jonathan Edwards.

"Estas coisas vos escrevi a vós, os que credes no nome do Filho de Deus, para que saibais que tendes a vida eterna."
1 João, 5:13

 **LEITURA BÍBLICA**
1 CORÍNTIOS, 9:24-27

 Talvez seja necessária uma fé mais pura para louvar a Deus pelas bênçãos não realizadas do que por aquelas que já desfrutamos ou pelas que desfrutamos agora.
A. W. TOZER

A FORÇA DO CORAÇÃO

O gênio, o brilho, a força e os dons naturais não salvam. O Evangelho flui pelo coração. Todas as forças mais poderosas são do coração. Todas as graças mais doces e encantadoras são graças do coração. Grandes corações formam personagens divinos. Deus é amor. Não há nada maior do que o amor, nada maior do que Deus. Os corações fazem o céu, o céu é amor. Não há nada mais elevado, nada mais doce do que o céu.

Edward Bounds. In: O poder da oração.

 **LEITURA BÍBLICA**
SALMOS 7:1-8

"O meu escudo é de Deus, que salva os retos de coração."
Salmos, 7:10

15 JUL

16 JUL

CONFIE NO GUIA

Um cego confia em seu guia porque sabe que ele pode ver e, assim, caminha para onde seu guia o conduz. Apesar de não ter visão, ela é possuída por seu guia e, portanto, coloca livremente sua mão na mão daquele que enxerga e segue sua liderança. "Bem-aventurados aqueles que não viram e ainda assim creram". Sabemos que Jesus tem poder que nós não possuímos e, portanto, confiamos n'Ele como o cego confia em seu guia.

Charles Spurgeon. In: Toda a graça.

"Porque andamos por fé, e não por vista."
2 Coríntios, 5:7

LEITURA BÍBLICA
SALMOS, 119:1-8

 Os grandes cristãos encontram na oração sua maior fonte de iluminação. As resoluções que melhoram a vida são alcançadas por meio da oração.

HENRY LIDDON

CONTINUE VIGIANDO

Amigo, viva perto da cruz e você não dormirá. Se você se lembrar de que está indo para o céu, não dormirá na estrada. Cristão, você descansará enquanto os portões de pérolas estiverem abertos – as canções dos anjos esperando que você se junte a eles – e uma coroa de ouro pronta para sua cabeça? Ah! Em santa comunhão, continue vigiando e orando para não cair em tentação.

C. Spurgeon. In: Colheitas entre os feixes.

LEITURA BÍBLICA
SALMOS, 120

"Nisto conhecemos que amamos os filhos de Deus, quando amamos a Deus e guardamos os seus mandamentos."
1 João, 5:2.

17 JUL

A EXCELÊNCIA DE DEUS

Um verdadeiro senso da excelência divina, de Deus e de Jesus Cristo, da redenção, dos caminhos e obras de Deus são revelados nos Evangelhos. Há uma glória que as distingue grandemente de tudo o que é terreno e temporal. Aquele que é espiritualmente iluminado vê isso, ou tem uma noção disso. Ele não acredita racionalmente que Deus é glorioso, mas tem um senso da glória de Deus em seu coração.

Sermões selecionados de J. Edwards.

"Os céus declaram a glória de Deus e o firmamento anuncia a obra das suas mãos."
Salmos, 19:1

LEITURA BÍBLICA
SALMOS, 17

 Ó Deus, coloque Sua mão sobre nós e diga-nos: 'Não temas'. Aproxime-se para eliminar a influência do mundo com Seu poder superior.
C. SPURGEON

IMPORTUNAÇÃO NA ORAÇÃO

Jesus é o irmão mais velho, mas Deus não abrandou a regra para Ele. Lembre-se do texto em que Deus diz a Seu Filho: "Pede-me, e eu te darei as nações por tua herança, e os confins da terra por tua possessão". Se o Filho de Deus não é isento da regra de pedir o que quer, a regra não será relaxada em nosso favor. Que razão pode haver para sermos dispensados da oração? Eu não vejo nenhuma, e você?

E. Bounds. In: O propósito da oração.

LEITURA BÍBLICA
LUCAS, 8:1-8

"Aquele que pede, recebe; e, o que busca, encontra; e, ao que bate, abrir-se-lhe-á."
Mateus, 7:8

20 JUL

SUA OBRA NÃO É EM VÃO

"Não sejais vagarosos no cuidado; sede fervorosos no espírito, servindo ao Senhor."
Romanos, 12:11

LEITURA BÍBLICA
JOSUÉ, 24:14-17

Há coisas na vida cristã que pensamos, outras que esperamos e outras que sabemos. Conhecemos aquelas que nos são asseguradas pela palavra de Deus, como nosso trabalho não ser em vão. Não deixe nenhum desânimo o abater, mantenha-se firme em seu caminho, ainda que fraco, tendo a perfeita certeza de que Deus é plenamente capaz de cumprir Suas promessas, e mesmo seu simples serviço não será em vão.

E. Hoare. In: Bençãos multiplicadas.

 Jesus lidera o caminho em oração para que possamos seguir Seus passos. Senhor, ensina-nos a orar como Tu mesmo oras!
E. BOUNDS

DEUS NOS REDIMIU

LEITURA BÍBLICA
SALMOS, 130

"O qual se deu a si mesmo em preço de redenção por todos."
1 Timóteo, 2:6

As boas novas que Jesus trouxe desfazem a noção pagã de o sofrimento ser a consequência do pecado, como se fosse o castigo de um pai pelas más ações de seus filhos. Jesus disse que a maneira como as pessoas pensam não é a maneira como Deus pensa. Os braços de Deus são um refúgio para qualquer criança perdida do rebanho. O Pai ajuda a subir a escada celestial, até os degraus da glória, redimindo todos os Seus filhos.

George MacDonald. In: A esperança do Evangelho.

21 JUL

DEUS SANTIFICA NOSSA CASA

22 JUL

A presença de Deus santifica nossa morada. Tanto é assim que o lugar onde Deus habita passou a ser chamado de lugar santo da habitação do Altíssimo. Tudo ao redor de onde Deus habita é santo, até chegarmos dentro do véu, ao lugar santíssimo. O Deus que habita em nós santifica nossa casa, e Ele nos torna santos também.

Andrew Murray. In: Santidade em Cristo.

"O Senhor resgata a alma dos seus servos, e nenhum dos que nele confiam será punido."
Salmos, 34:22

LEITURA BÍBLICA
1 CRÔNICAS, 16:8-18

Ser chamado para uma vida preciosa é graça de Deus, e devemos responder com fidelidade. Deus nos convida para Sua comunhão de amor e prepara nosso espírito para ser Sua morada.

G. TERSTEEGEN

A MAIOR ORAÇÃO

LEITURA BÍBLICA
ISAÍAS, 55:1-7

A lição extraída do pedido dos discípulos, "Senhor, ensina-nos a orar", é a mesma lição de orar ao "Pai nosso que estás nos céus". Deus dá valor a todas as nossas orações. Jesus nos ensina que santificar o nome de Deus é a maior das orações. Quem santifica o Seu nome vai orar para que o reino seja estabelecido. Devemos trabalhar pelo reino de Deus e a fazer a vontade d'Ele de forma perfeita, como é feita no Céu.

Edward Bounds. In: A realidade da oração.

Buscar-me-eis, e me achareis, quando me buscardes com todo o vosso coração."
Jeremias, 29:13

23 JUL

24 JUL

AME A DEUS DE TODO O CORAÇÃO

O mandamento de amar o Senhor nosso Deus de todo o coração não é destinado apenas a algumas pessoas devotas. Todos devemos amar a Deus de todo o coração e alma, sem necessidade de nos tornarmos padres, monges e freiras. Você só precisa ser tolerante e cumprir seus deveres religiosos. Estas palavras foram ditas a todos da mesma forma: "Vocês que vivem no mundo, amem a Deus".

C. Kingsley. In: A água da vida.

"Buscai ao Senhor e a sua força; buscai a sua face continuamente."
1 Crônicas, 16:11

LEITURA BÍBLICA
SALMOS, 126

 Cristo é o Salvador perfeito. Seu braço trouxe a salvação. Ele é o conforto, a força, a sabedoria, a justiça, a santificação de todos.
L. CHILTON

SEJA ESPECIALISTA EM AMOR

Amar uns aos outros, como Ele nos amou, é um mandamento. Nossa natureza era do conhecimento de Jesus. Então, deve ser possível amar as pessoas como Ele nos amou. Não diga que é impossível, pois isso seria lançar descrédito sobre Jesus. Ele descreve comportamentos que todos nós podemos alcançar, basta nos entregarmos a Ele, para que Ele cumpra em nós Seu ideal e nos torne especialistas na ciência do amor.

F. B. Meyer. In: Amor até o fim.

LEITURA BÍBLICA
1 JOÃO, 4:7-17

"Disse-lhe Filipe: Senhor, mostra-nos o Pai, o que nos basta."
João, 14:8

25 JUL

PLANO DIVINO

Todo o plano de Deus, do início ao fim, é divino. Somente Deus poderia ter planejado a grande salvação. Sua misericórdia ilimitada e divina providenciou um plano de restauração para nós. Assim, o propósito e o modo de reconciliação, a libertação do pecador, Sua justiça e obra de santificação são divinas: "Dele sois vós em Cristo Jesus", e a reunião final dos eleitos de Deus será divina.

E. Hoare. In: Bençãos multiplicadas.

"Porque nele habita corporalmente toda a plenitude da divindade."
Colossenses, 2:9

LEITURA BÍBLICA
ROMANOS, 1:20-25

 Descanse em Deus, entregando-se totalmente a Ele. Se você se entregar pela metade, não encontrará o descanso completo.
JEAN N. GROU

PERTENCEMOS A DEUS

A consciência de pertencer a Deus provém de nossa fé e de nosso amor. No início de nossa experiência, nós O seguramos, mas à medida que o Espírito Santo habita mais plenamente, passamos a ser segurados por Ele. Não é o nosso amor a Deus, mas o amor Dele por nós; não é a nossa fé, mas a Sua fidelidade; não é a ovelha que se mantém perto do Pastor, mas o Pastor que mantém a ovelha perto de Si.

F. B. Meyer. In: Amor até o fim.

LEITURA BÍBLICA
ISAÍAS, 61:1-10

"O Senhor teu Deus, o poderoso, ele salvará, ele se deleitará em ti com alegria."
Sofonias, 3:17

28 JUL

CONHEÇA O CAMINHO DO CÉU

"O Senhor me livrará de toda a má obra, e guardar-me-á para o seu reino celestial; a quem seja glória para todo o sempre."
2 Timóteo, 4:18

LEITURA BÍBLICA
PROVÉRBIOS, 21:21-31

Você é um espírito vindo de Deus e retornando a Deus! Precisa saber uma coisa: o caminho para o céu, como aterrissar em segurança naquela praia feliz. O próprio Deus ensina o caminho. Você precisa do Livro de Deus! Senhor, a Tua palavra. Tu dás liberalmente, e não censuras. Tu disseste que se alguém quiser fazer a Tua vontade, saberá qual é. Estou disposto a fazer, faze-me saber a Tua vontade.

John Wesley

> Devemos acreditar que o justo viverá por sua fé, que Deus é justo e que demonstra Sua justiça fazendo justiça para todos os que são tratados injustamente.
> C. KINGSLEY

CONFORMIDADE COM DEUS

LEITURA BÍBLICA
SALMOS, 57:7-11

"Clamarei ao Deus altíssimo, ao Deus que por mim tudo executa."
Salmos, 57:2

Jesus sempre orou em conformidade com a vontade de Deus. Ele era um com o plano de Deus e um com a vontade de Deus. Ser um com Deus gera uma vida muito elevada e divina. Estar junto a Deus é uma maneira muito mais elevada e divina de orar. Em seu melhor estado, a submissão é a não rebelião, a forma mais poderosa de orar. Ela molda as coisas, muda as coisas e faz as coisas acontecerem.

Edward M. Bounds. In: A realidade da oração.

29 JUL

30 JUL

VOCÊ É MEMBRO DE CRISTO

A definição de que uma igreja é uma associação voluntária de crentes, unidos para fins de adoração e edificação é muito inadequada, para não dizer incorreta. Assim como mãos, pés, olhos e ouvidos estão unidos no corpo humano para fins de locomoção e trabalho, a igreja é formada por Cristo, presente pelo Espírito Santo, regenerando as pessoas e organizando-as como o templo vivo. A Cabeça e o corpo são, portanto, um só. Aquele a quem Deus ungiu e encheu com o Espírito Santo é chamado de Cristo, e a igreja é seu corpo e plenitude, também chamada de Cristo.

A. J. Gordon. In: *O ministério do Espírito*.

"Assim como o corpo é um, e tem muitos membros, e todos os membros, sendo muitos, são um só corpo, assim é Cristo."
1 Coríntios, 12:12

LEITURA BÍBLICA
ISAÍAS, 55:8-13

 Você deve manter todos os tesouros terrenos fora de seu coração e deixar que Cristo seja seu tesouro e que Ele tenha seu coração.
CHARLES SPURGEON

OUÇA A VOZ DE DEUS

Pela humildade, pelo desinteresse, pela pureza, pela calma, você saberá qual é a vontade de Deus. Se não buscar o próprio bem-estar, mas o dos outros, se aceitar sentimentos como se fossem a voz de Deus, então poderá ter a chance de captar, de tempos em tempos, o que Deus tem a dizer. A postura que sua mente deve assumir é estar uma posição acima da agitação, da confusão deste mundo, então entenderá qual é a vontade de Deus.

A. P. Stanley

LEITURA BÍBLICA
JÓ, 13:6-17

"Não servindo à vista, como para agradar aos homens, mas como servos de Cristo, fazendo de coração a vontade de Deus."
Efésios, 6:6

31 JUL

"E não sede conformados com este mundo, mas sede transformados pela renovação do vosso entendimento, para que experimenteis qual seja a boa, agradável, e perfeita vontade de Deus."

Romanos, 12:2

Agosto

01 AGO

"O efeito da justiça será paz, e a operação da justiça, repouso e segurança para sempre."
Isaías, 32:17

PENSAMENTO DO DIA

Tenha um coração compassivo, que rapidamente se compadeça dos sofrimentos dos outros, assim como nosso Senhor Jesus Cristo viu nossa pobreza e se apressou em nos ajudar. Peça a graça de sempre aliviar as cruzes e dificuldades daqueles que o cercam, e nunca aumentá-las. Que Deus o ensine a ter caridade e ação de verdade.

Johann Arndt

REFLEXÕES

_____
_____
_____
_____
_____
_____

DIVINA SANTIDADE

Santidade é a palavra na qual se concentram todas as perfeições de Deus e de Sua glória. Em Cristo está a palavra na qual toda a sabedoria e o amor de Deus são revelados! O Pai dando Seu Filho para ser um conosco! O Filho morrendo na cruz para nos tornar um com Ele! O Espírito Santo do Pai habitando em nós para estabelecer e manter essa união! Em Cristo! Que resumo do que a redenção fez e da vida inconcebivelmente abençoada na qual o filho de Deus tem permissão para viver.

Revela o propósito com o qual Deus, desde a eternidade, pensou no ser humano, e diz qual será a maior glória na eternidade vindoura: ser participante da Santidade Divina!

A única resposta de Deus para todas as nossas necessidades e orações, a garantia e o antegozo da glória eterna.

Que riqueza de significado e bênção nas duas palavras combinadas: Santo em Cristo! Aqui está a provisão de Deus para nossa santidade, a resposta de Deus à nossa pergunta sobre como ser santo. Muitas vezes, ao ouvirmos o apelo "Sede santos, assim como eu sou santo" é como se sempre houvesse um grande abismo entre a santidade de Deus e a do ser humano. Em Cristo está a ponte que atravessa o abismo. Para os anseios do coração de milhares de almas sedentas que acreditaram em Jesus e ainda não sabem como ser santos, aqui está a resposta de Deus: "Vós sois santos em Cristo Jesus. Santificados em Cristo Jesus!".

Andrew Murray. In: Santidade em Cristo.

LEITURA BÍBLICA
LUCAS, 2:68-80

DOAÇÃO ILIMITADA

02 AGO

Se você estiver na companhia do Senhor, estará mais seguro com Ele do que com seguranças. Se for capaz de ver que Deus é o Pai, entenderá que Sua proximidade com você é a voz do Espírito. Você conhecerá a dignidade de Seu elevado chamado e o amor de Deus, que excedem todo conhecimento. Confie em Deus. Você ainda vai rir de si mesmo por ter esperado tão pouco Dele, pois Sua doação é ilimitada.

G. MacDonald. In: Sermões não proferidos.

"Deus é a minha salvação; nele confiarei, e não temerei."
Isaías, 12:2

LEITURA BÍBLICA
SALMOS, 59:1-10

 Aproxime-se de Deus, o Juiz de todos, bem como de Cristo, pois isso está de acordo com as palavras de Isaías: 'Quem tem sede, venha às águas'.
C. KINGSLEY

FIQUE COM SEU REDENTOR

LEITURA BÍBLICA
ROMANOS, 3:23-31

Perceba como a redenção e a santidade são inseparáveis. Somente a redenção leva à santidade. Se buscar a santidade, permanecerá na experiência clara e plena de ser um redimido e, como tal, de ser propriedade de Deus. Essa é a santidade perfeita. Deus entra e toma posse total de você. É a redenção que o liberta para que Deus abençoe você. Quanto mais redenção, mais próximo você estará do Redentor.

Andrew Murray. In: Santidade em Cristo.

"Faze-me saber os teus caminhos, Senhor; ensina-me as tuas veredas."
Salmos, 25:4

03 AGO

04 AGO

NÃO REJEITE A GRAÇA DE DEUS

"Bom é o Senhor para os que esperam por ele, para a alma que o busca."
Lamentações, 3:25

LEITURA BÍBLICA
JOSUÉ, 1:8-16

Deus considera essencial que sejamos totalmente santificados. Não pense que isso é possível apenas para poucos. Não rejeite o que Deus está insistindo para que você aceite. Graça significa favor imerecido, o amor infinito de Deus para sua salvação. E a fonte da santificação, bem como da justificação e de todas as bênçãos do Evangelho que são concedidas a você é a graça de Deus.

D. Clark. In: *Teologia da santificação.*

 A casa de Deus é a morada da Santidade, o lugar onde Ele se revela, da qual você deve aproximar sem temor e com amor.
A. MURRAY

APROXIME-SE DE DEUS

LEITURA BÍBLICA
ISAÍAS, 12

"Sirva a tua benignidade para me consolar, segundo a palavra que deste ao teu servo."
Salmos, 119:76

Empatia significa colocar-se no lugar de outro para ajudá-lo. Jesus sacrificou-se por nós como ninguém poderia fazer. Ele realmente Se colocou em nosso lugar na cruz, experimentando o que aconteceria conosco, suportou o sofrimento que nos pertencia. Ambas as palavras, "empatia" e "sacrifício", adquirem um novo significado no Calvário. O Seu "Siga-me" é uma insistência para nos aproximarmos d'Ele.

S. D. Gordon. In: *Conversas sobre seguir a Cristo.*

05 AGO

VIVA COM ESPERANÇA

06 AGO

"Eu me alegrarei no Senhor; exultarei no Deus da minha salvação."
Habacuque, 3:18

LEITURA BÍBLICA
SALMOS, 68:19-26

As tristezas e decepções não são inúteis. Você ganha, em vez de perder. Aflições produzem paciência pela graça sustentadora de Deus, que promete que não vai impor a você um fardo além do que é capaz de suportar. Aquele que nos ensina lições preciosas, não só por meio de tentações dolorosas, mas também pelas alegrias mais sagradas, nos dias vindouros trará novas bençãos, pois d'Elele é que provêm as boas dádivas.

C. Kingsley. In: A água da vida.

 Não há como aprender simpatia a não ser por meio do sofrimento. Ela não pode ser estudada em um livro, deve ser escrita no coração.
CHARLES SPURGEON

VIVA EM GRATIDÃO

LEITURA BÍBLICA
SALMOS, 100

"Alegrem-se os justos, e se regozijem na presença de Deus, e folguem de alegria."
Salmos, 68:3

Ó Deus, que em Tua grande misericórdia permitiste que eu me aproximasse de Teu querido Filho, eu louvo Tua bondade. Ensina-me cada vez mais a sentir e conhecer a liberdade de Teu amor, a valorizar o alimento celestial. Que eu possa viver sempre em gratidão. Impeça-me de retroceder, mas guia-me adiante por Tua graça, e leve-me finalmente à presença incontestável de meu Salvador no céu.

Arthur Edward Burgett. In: A porta do céu.

07 AGO

08 AGO

"O fim do mandamento é o amor de um coração puro, e de uma boa consciência, e de uma fé não fingida."
1 Timóteo, 1:5

LEITURA BÍBLICA
MATEUS, 7:1-5

SEJA PACIENTE

Se você admoestar uma ou duas vezes uma pessoa que se recusa a ouvir, não brigue com ela. Esforce-se para ser paciente, suportando os defeitos dos outros, pois você também tem muitos que precisam ser suportados pelos outros. Se você não consegue fazer de si mesmo o que deseja, como poderá moldar outra pessoa a seu gosto? Estamos prontos para ver os outros se tornarem perfeitos, mas não corrigimos as próprias falhas.

T. Kempis. In: *A imitação de Cristo*.

 Senhor, dê-me fé, amor e esperança para que, com essas três graças, eu possa me aproximar de Ti.
C. SPURGEON

ALCANCE UM IDEAL DIVINO

LEITURA BÍBLICA
EFÉSIOS, 4:1-8

"Procurando guardar a unidade do Espírito pelo vínculo da paz."
Efésios, 4:3

Os discípulos de Cristo, comprometidos com a tarefa de despertar a fé nos outros e de realizar uma solidariedade orgânica de pessoas que praticam essa fé, devem agir como membros de uma comunidade espiritual, cada um possuindo um valor infinito, uma singularidade indispensável para a unidade do todo por meio do esforço para alcançar um ideal divino.

Rufus M. Jones. In: *Energia espiritual para a vida*.

VIVEREMOS NO CÉU

Há muitos cristãos que não pensam muito sobre o Céu, consideram-no um sonho, afirmam que a Terra é o Céu deles e, portanto, dão pouco valor a todos os relatos da Bíblia. Jesus disse a Seus discípulos na véspera de Sua partida: "Vou preparar-vos lugar, para que onde eu estiver estejais vós também. Na casa de meu Pai há muitas moradas; se não fosse assim, eu lhes teria dito". Não duvide, naquela habitação da alma viveremos no belo lar que Deus preparou.

A. H. Newton. In: Fora dos arbustos.

10 AGO

"Bem-aventurados os limpos de coração, porque eles verão a Deus."
Mateus, 5:8

LEITURA BÍBLICA
1 CORÍNTIOS, 15:35-47

É preciso muita coragem para ser fiel a Deus. Somente o coração pode dar essa coragem.
E. BOUNDS

VIVA COM AMOR

Qual é o melhor bem que uma pessoa pode ter? A julgar pelos esforços para ter riqueza, fama e poder, a resposta parece ser que essas coisas são os melhores bens que alguém pode ter. Sabemos que tais bens não necessariamente fazem seus proprietários felizes. Jesus diz que o que torna a vida mais feliz é o amor. Quem tem amor em seu coração, amor verdadeiro, puro e duradouro, tem a melhor posse que pode ser adquirida.

J. G. K. McClure. In: Vivendo para o melhor.

LEITURA BÍBLICA
SALMOS, 49:6-17

"Sejam vossos costumes sem avareza, contentando-vos com o que tendes."
Hebreus, 13:5

11 AGO

12 AGO

"Deixo-vos a paz, a minha paz vos dou."
João, 14:27

LEITURA BÍBLICA
TIAGO, 3:13-18

A PAZ DE DEUS

Há uma distinção entre estas duas expressões: a primeira, é o resultado do sacrifício de Jesus por nós na cruz: "Sendo justificados pela fé, temos paz com Deus"; já a última refere-se à Sua presença, que é a nossa paz. A primeira Ele legou como herança, pois deixou em Seu testamento uma reconciliação perfeita entre nós e Deus; a outra é um dom, que deve ser usado, ou será ineficaz. Precisamos ter paz com Deus antes de desfrutar da paz de Deus.

F. B. Meyer. In: *Amor até o fim*.

 "O verdadeiro descanso não é a ociosidade, mas a paz de espírito. Descansar da tristeza, da dúvida, esse é o verdadeiro descanso."
C. KINGSLEY

LEITURA BÍBLICA
PROVÉRBIOS, 9:1-12

"Com a sabedoria se edifica a casa, e com o entendimento ela se estabelece."
Provérbios, 24:3

PEÇA SABEDORIA

Salomão pediu sabedoria para discernir entre o bem e o mal, e Deus lhe concedeu. Duas mulheres alegaram ser a mãe de uma criança e pediram sua posse. Ele ordenou que a criança fosse cortada em dois, fazendo que a verdadeira mãe a renunciasse por amor e, assim, deu-lhe a criança ilesa. Foi discernimento obtido por oração. Uma mente que espera em Deus para discernir entre o certo e o errado é a mais sábia de todas as mentes.

J. G. K. McClure. In: *Vivendo para o melhor*.

13 AGO

UM COM DEUS

14 AGO

Na mesma proporção que você permanece em Cristo deve estar com seus irmãos. Ser afetado pela tristeza de outra pessoa é a conduta de um cristão que ama seus semelhantes, de modo que as aflições deles sejam também suas e, assim, os ajude a sentir o Espírito do Senhor. Ao ajudarmos nossos familiares, amigos, vizinhos, somos um com eles, sendo um com Cristo, que é um com Deus.

D. L. Moody.

"O Senhor encaminhe os vossos corações no amor de Deus, e na paciência de Cristo."
2 Tessalonicenses, 3:5

LEITURA BÍBLICA
2 PEDRO, 1:2-11

 Deus acumula um monte de misericórdias, e as lança em nosso espírito, para que possamos ter certeza de que, se orarmos, nossas súplicas serão atendidas.
C. SPURGEON

DEUS FORTALECE SUAS FRAQUEZAS

Muitas vezes, a maneira de Deus responder às orações de Seu povo é aumentando sua força para suportar as adversidades. Aflições nos levam a optar entre o caminho estreito da vida e a estrada larga para a ruína. Deus responde a todas as orações que fazemos ao céu. Devemos agradecer por termos Alguém que é muito amoroso para conceder o que pedimos.

F. Whitfield. In: D. L. Moody. *Reflexões para hora de descanso.*

LEITURA BÍBLICA
1 CORÍNTIOS, 2:9-16

"A minha graça te basta, porque o meu poder se aperfeiçoa na fraqueza."
2 Coríntios, 12:9

15 AGO

16 AGO

NÃO FIQUE DE LONGE OLHANDO

"Deus é Espírito, e importa que os que o adoram o adorem em espírito e em verdade."
João, 4:24

LEITURA BÍBLICA
1 TESSALONICENSES, 1: 6-10

Você terá seu coração aquecido por Jesus, que aquece o coração com o amor de Deus. Tenha conexão pessoal com Jesus, que lhe dará vida, mansidão, e aliviará seu fardo. Confesse diante d'Ele sua condição fria, morta e sem vida. Confie n'Ele, pois Ele morreu por você, para salvá-lo dessa condição. Experimente Seu amor e tenha alegria ao seguir seu caminho justificado por Sua graça.

E. Hoare. In: Bençãos multiplicadas.

"Precisamos ter apenas um cuidado: colocar em primeiro lugar nossa fidelidade a Deus."
J. R. MILLER

CHAMADO PARA SER PURO

LEITURA BÍBLICA
2 TIMÓTEO, 2:19-26

"Qualquer que nele tem esperança purifica-se a si mesmo, como também ele é puro."
1 João, 3:3

O chamado de Deus é a manifestação do propósito da eternidade. Os crentes são os chamados segundo o Seu propósito. Ele nos revela quais são Seus pensamentos e Sua vontade, bem como qual é a vida para a qual Ele nos convida. Em Seu chamado, Ele deixa claro para nós que nossa vida na Terra será o reflexo de Seu propósito na eternidade. Deus nos chamou para sermos santos como Ele é santo.

A. Murray. In: Santificação em Cristo.

EXPERIÊNCIA COM JESUS

Experimente a graça e o poder do Espírito de Deus. Jesus trabalha em nós, seu poder nos toca, abençoa e nos guarda. Deus em primeiro lugar significa colocar o "eu" em segundo, e as demais coisas depois. Esteja disposto a abrir mão de tudo, submeter-se a Cristo para que Ele lhe ensine o que dizer e o que fazer. Esteja pronto para dar esse passo e dizer: "Jesus! Eu desisto de tudo; revela-te".

A. Murray. In: O próprio Jesus.

18 AGO

"Deus é poderoso para fazer abundar em vós toda a graça, a fim de que abundeis em toda a boa obra."
2 Coríntios, 9:8

 **LEITURA BÍBLICA**
FILIPENSES, 2:12-16

 Que o sermão principal de sua vida seja ilustrado por sua conduta.
C. SPURGEON

O PODER DE JESUS

O único propósito de sua vida deve ser permanecer em união viva e intensa com Cristo, empregando todos os meios para a ampliar. Assim, verá Sua força fluindo em você para todas as emergências. Não há tentação que não possa dominar, privação que não possa suportar, dificuldade que não possa superar ou trabalho que não possa realizar. Se sua alma estiver vivendo em união com Jesus Cristo, sua força vai aumentar dia após dia.

F. B. Meyer.

 **LEITURA BÍBLICA**
JÓ, 26

"Dá força ao cansado, e multiplica as forças ao que não tem nenhum vigor."
Isaías, 40:29

19 AGO

20 AGO

FIQUE FIRME

"Sede cumpridores da palavra, e não somente ouvintes, enganando-vos a vós mesmos."
Tiago, 1:22

LEITURA BÍBLICA
1 TESSALONICENSES, 4: 1-10

Suas boas obras são resultado de uma conversão real, da influência espiritual exercida sobre você por Cristo. Um cristão não teria boas obras se não tivesse graça fresca dia após dia. Com essa graça que lhe foi dada é capaz de produzir frutos. A árvore em seu coração que produz frutos vem da raiz. Você não é uma árvore autônoma, mas é como os ramos fixados na Videira Viva: Jesus!

C. H. Spurgeon. In: Colheitas entre os feixes.

 Com o auxílio de Deus, busque a perfeição, todos os dias uma nova vitória, e que cada passo se torne um ponto de partida para progredir ainda mais.
GUTHRIE

RECEBA A PROMESSA

LEITURA BÍBLICA
ISAÍAS, 29:13-19

"Bem está, servo bom e fiel. Sobre o pouco foste fiel, sobre muito te colocarei; entra no gozo do teu senhor."
Mateus, 25:21

Ande intimamente com Cristo porque você é um de Seus amados. Ele está observando dos céus, cuidando de sua vida com carinho, acompanhando seu dia a dia. Deixe seu coração ter um amor receptivo, e terá fé para receber Suas promessas. Esse era o segredo de João. "Nós conhecemos e cremos no amor que Deus tem por nós". Entre no gozo do Senhor!

B. Simpson. In: D. L. MOODY. Reflexões para a hora de descanso.

BENIGNIDADE DIVINA

Ande em Espírito, e assim não estará dependente das coisas da carne. A carne cobiça contra o Espírito, e o Espírito contra a carne. Jesus disse: "Aquele que salva a sua alma a perderá. E aquele que perder a sua vida, a salvará. Pois, que aproveita ao homem ganhar o mundo inteiro, se perder a sua vida?". Quem quiser ser uma pessoa de bem precisa compreender que o Espírito de Deus no coração diz: "Sede bons".

C. Kingsley. In: A água da vida.

22 AGO

"Senhor, livra a minha alma; salva-me por tua benignidade."
Salmos, 6:4

LEITURA BÍBLICA
SALMOS, 6

 Para quem ora com um propósito, Deus não está longe, inacessível, mas próximo, sempre pronto a ouvir o chamado de Seus filhos. Não há barreiras entre eles.
E. BOUNDS

O GRANDE AMOR DE DEUS POR NÓS

Entregue-se a Cristo de tal forma que o grande propósito de Sua salvação possua todo o seu ser. Viva para abençoar os outros. Essa é a vontade de Deus. É isso que Seu poder espera fazer por nós. Não ore sem uma esperança de que a oração será respondida. Ajoelhe-se à vista de Cristo, peça Seu amor. Deixe o coração sentir toda a força que nos vem da fonte, de nosso querido Senhor. Tome-o como sua força para sua vida.

Mark Guy Pearse

LEITURA BÍBLICA
LUCAS, 9:57-62

"O Filho do homem não veio para destruir as almas, mas para salvá-las."
Lucas, 9:56

23 AGO

24 AGO

CONHEÇA O AMOR

"Nós o amamos a ele porque ele nos amou primeiro."
1 João, 4:19

LEITURA BÍBLICA
1 JOÃO, 3:16-24

A palavra que abrange todo o doce do comportamento de Jesus é amor. O caráter de nosso Senhor pode ser resumido nessa palavra de quatro letras. O amor anseia por agradar, independentemente de qualquer sacrifício envolvido. A pureza é o coração do amor, batendo em ritmo perfeito com o seu, e sacrifício é o amor dando a própria vida para salvar a sua. Um dia saberemos o que significa a frase "Deus é amor".

S. D. Gordon. In: *Conversas tranquilas sobre seguir a Cristo.*

 "A melhor e mais sábia coisa do mundo é trabalhar como se tudo dependesse de confiar em Deus, sabendo que tudo depende dele."
CHARLES SPURGEON

HABITE NA LUZ

LEITURA BÍBLICA
LUCAS, 1:67-80

"Em santidade e justiça perante ele, todos os dias da nossa vida."
Lucas, 1:75

Deus habita em luz. É a luz da glória que Ele dá ao nosso coração, que pode ser vista, e essa luz é a santidade de Deus. Essa é a glória da santidade na misericórdia e na redenção, uma santidade que não apenas liberta, mas também guia para onde o Santo habitará com Seu povo. Foi revelado logo no início que o grande objetivo e fruto da redenção, conforme realizada pelo Espírito Santo, é vivermos com Ele em Sua habitação.

A. Murray. In: *Santidade em Cristo.*

25 AGO

O RETRATO DE CRISTO

26 AGO

Um cristão deve ser semelhante a Jesus. Você já leu sobre a vida de Cristo, escrita de forma bela, mas a melhor é Sua biografia viva, escrita nas palavras e ações de Seu povo. Para sermos o que professamos ser, devemos ser retratos de Cristo, uma semelhança tão marcante d'Ele que as pessoas exclamarão: "Ele esteve com Jesus; ele foi ensinado por Ele; ele é como Ele; ele captou a própria ideia do Homem de Nazaré e a executa em sua vida e em suas ações diárias".

Charles Spurgeon

"A ninguém devais coisa alguma, a não ser o amor com que vos ameis uns aos outros."
Romanos, 13:8

 **LEITURA BÍBLICA**
2 TIMÓTEO, 1:1-13

 Cada gesto de amor que você demonstra ao próximo tem Deus na outra extremidade.
M. G. PEARSE

FÉ NO AMOR DIVINO

Deus deseja que todos sejam salvos e cheguem ao conhecimento da verdade. Devemos acreditar que o justo viverá por sua fé. Se quisermos que nossa fé nos mantenha em uma vida justa, devemos preservar a fé de que Deus é justo. O instinto de cavalheirismo, o horror à crueldade e à injustiça, a piedade pelos fracos e maltratados depende de cultivarmos a fé no espírito de amor divino.

C. Kingsley. In: A água da vida.

 **LEITURA BÍBLICA**
EZEQUIEL, 3:16-21

"Andando nos meus estatutos, e guardando os meus juízos, e procedendo segundo a verdade, o justo certamente viverá."
Ezequiel, 18:9

27 AGO

28 AGO

ENCHA-SE DO ESPÍRITO

"E os discípulos estavam cheios de alegria e do Espírito Santo."
Atos, 13:52

LEITURA BÍBLICA
ATOS, 2:1-21

O fato de ser "cheio do Espírito" é uma bênção. Alguns dizem que todo cristão tem o Espírito, isso é bem verdade, pois "se alguém não tem o Espírito de Cristo, esse tal não é dele"; e "ninguém pode dizer que Jesus é Senhor, senão no Espírito Santo". É o transbordamento do cristão que é a salvação do mundo e, para que o transbordamento ocorra, é necessário que haja primeiro o enchimento do Espírito de Deus.

J. MacNeil. In: A vida cheia do Espírito.

 A Bíblia foi escrita pelos dedos de Deus. Cada palavra nela contida saiu dos lábios d'Ele. Cada frase foi ditada pelo Espírito Santo.
C. SPURGEON

PROPRIEDADE DE DEUS

LEITURA BÍBLICA
NEEMIAS, 2:5-11

"Louvarei ao Senhor durante a minha vida; cantarei louvores ao meu Deus enquanto eu for vivo."
Salmos, 146:1

29 AGO

Como criaturas de Deus, somos todos devedores a Ele, e devemos obedecê-Lo com todo o nosso corpo, alma e força. Por termos quebrado Seus mandamentos, somos devedores de Sua justiça e devemos a Ele uma grande quantia que não somos capazes de pagar. O cristão não deve nada à justiça de Deus, pois Cristo pagou a dívida de Seu povo. Por essa razão, o crente deve ainda mais ao amor, é devedor da graça e da misericórdia perdoadora de Deus, nos tornamos dez vezes mais devedores de Deus do que seríamos se não fosse assim. A Deus você se deve tudo o que tem.

Charles Spurgeon

TENHA ESPERANÇA

Não há nenhum caso desesperador demais para a salvação do Senhor. Há cristãos que anseiam pela salvação de algum coração teimoso e inquebrantável, mas quase não têm mais esperança. Você diz que não consegue produzir uma boa oração, mas a salvação é um dom gratuito até para aqueles que relutam. Confie na promessa, aceite a dádiva e use como suas as palavras: "Segundo o seu divino poder me deu todas as coisas que conduzem à vida e à piedade, pelo conhecimento daquele que me chamou à glória".

E. Hoare. In: Bençãos multiplicadas.

30 AGO

"E toda a carne verá a salvação de Deus."
Lucas, 3:6

LEITURA BÍBLICA
SALMOS, 116

> A oração deve ter prioridade. Se você não priorizar o tempo de oração, não espere ter o poder para viver uma vida frutífera.
> *EDWARD BOUNDS*

PODER DA ORAÇÃO

Muitos acreditam na eficácia da oração, mas não são muitos os que oram. A oração produz resultados fora das possibilidades humanas, limitados só pela onipotência de Deus. Alguns cristãos têm uma vaga ideia do poder da oração. Deus coloca em suas mãos uma carta branca espiritual com recursos infinitos. A oração é nossa arma mais formidável, produz resultados e torna eficiente tudo o mais que fazemos.

E. Bounds. In: O propósito da oração.

LEITURA BÍBLICA
PROVÉRBIOS, 15:26-33

"Alegrai-vos na esperança, sede pacientes na tribulação, perseverai na oração."
Romanos, 12:12

31 AGO

"Se o grão de trigo,
caindo na terra,
não morrer, fica ele
só; mas se morrer,
dá muito fruto."

João, 12:24

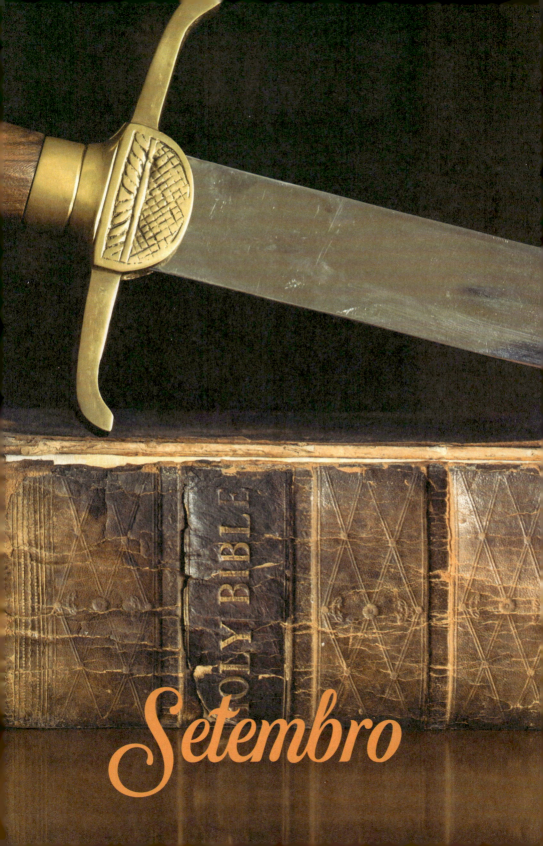
Setembro

01 SET

SEJA UMA NOVA CRIATURA

> "Se alguém está em Cristo, nova criatura é; as coisas velhas já passaram; eis que tudo se fez novo."
> 2 Coríntios, 5:17

Deus é glorificado na obra da redenção pelo fato de ser criada uma dependência universal dos redimidos de Jesus Cristo, uma vez que eles recebem bênçãos, são levados a se unir a Deus. Pela graça são salvos, por meio da fé. Deus nos concede todos os benefícios de Cristo, perdoa e justifica, purifica e muda nossa vida. É de Deus que os redimidos recebem toda a sabedoria e a santidade, com o Espírito Santo, por quem essas coisas são imediatamente realizadas.

A graça é grande e o dom infinitamente precioso, e também recebemos alegria e glória eternas. Dependemos do poder de Deus em cada etapa de nossa redenção, para sermos novas criaturas. "E vos revistais do novo homem, que segundo Deus é criado em justiça e verdadeira santidade". Ser santo e feliz na vida espiritual é uma mudança que dá frutos, aqui e no futuro, porque Deus habita em nós, e nós em Deus.

Quanto maior for a dependência que tivermos das perfeições divinas, tanto mais Deus mostrará a plenitude de Seu poder e de Sua graça, de Sua beleza, de Seu amor e de Sua santidade.

Sermões selecionados de Jonathan Edwards.

PENSAMENTO DO DIA

Se nós, cristãos, quisermos nos juntar aos Reis Magos, devemos fechar os olhos para tudo o que brilha no mundo e olhar antes para as coisas desprezíveis e tolas, ajudar os pobres, confortar os desprezados e auxiliar o próximo em sua necessidade.

Martinho Lutero

REFLEXÕES

_____
_____
_____
_____
_____
_____
_____

LEITURA BÍBLICA
JOÃO, 14:15-21

JESUS É A VIDEIRA

Suas boas obras surgem da união com Cristo. Quanto mais você for um com Jesus, mais santificado será. O cristão é semelhante ao caráter de Cristo se estiver unido a Ele. Por que o ramo produz uvas? Simplesmente porque foi enxertado na videira e, portanto, participa da natureza do caule e, assim, produz frutos. Se você acha que pode andar em santidade sem manter uma comunhão perpétua com Cristo, está cometendo um grande erro. Se quiser ser santificado, precisa viver perto de Jesus.

C. H. Spurgeon. In: Colheitas entre os feixes.

"Eu sou a videira, vós as varas; quem está em mim, e eu nele, esse dá muito fruto; porque sem mim nada podeis fazer."
João, 15:5

LEITURA BÍBLICA
JOÃO, 15:1-10

 A oração é a fonte de energia da vida cristã. Quando deixamos de orar, deixamos de convidar o poder de Deus para nossa vida.
EDWARD BOUNDS

AMAR OS IRMÃOS

E assim como os cristãos crescem e progridem em todos os outros assuntos, eles certamente fazem avanços no amor de uns para com os outros, a mais perfeita demonstração do amor a Cristo. Se tivermos crescido na graça, é absolutamente certo que teremos avançado em nossa capacidade de amar. Muitos creram em Jesus e conhecem um pouco de Seu amor, começaram a escalar a montanha, e a vista que está a seus pés é encantadora, pois podem ver o amor de Cristo, que excede todo o conhecimento.

C. H. Spurgeon. In: Colheitas entre os feixes.

LEITURA BÍBLICA
OSÉIAS, 14

"Sede todos de um mesmo sentimento, compassivos, amando os irmãos, misericordiosos e afáveis."
1 Pedro, 3:8

04 SET

A LIBERTAÇÃO DO SOFRIMENTO

"Irá a minha presença contigo para te fazer descansar."
Êxodo, 33:14

LEITURA BÍBLICA
2 CORÍNTIOS, 4

Jesus está ciente de toda a dor humana. Ele também a sente. Com Seu terno amor Ele deseja que seus irmãos e irmãs sejam livres, para que ele possa enchê-los até o transbordamento com a essencial alegria. Ele clama em voz alta: "Vinde a mim, todos os que estais cansados e oprimidos, e eu vos aliviarei". Ele abre os braços para os que estão cansados e dá a eles esperança e descanso. Ele pode, de fato, libertá-los do sofrimento.

G. MacDonald. In: *A esperança do Evangelho*.

 A fé dá graças por uma promessa, embora ela ainda não tenha sido cumprida, sabendo que Deus não falha.
M. HENRY

BUSQUE A DEUS AGORA

LEITURA BÍBLICA
JÓ, 8

"Buscai ao Senhor enquanto se pode achar, invocai-o enquanto está perto."
Isaías, 55:6

Isaías é um dos autores do Antigo Testamento que traz a descrição vívida de Cristo em toda a Sua grandeza e glória. Esse profeta nos diz quando devemos buscar o Senhor: "Enquanto Ele pode ser encontrado". Quando é isso? Na velhice? Talvez você não veja a velhice. Há um tempo determinado pela misericórdia de Deus. Se não decidir agora, poderá perder sua passagem para o céu.

T. Talmage. In: *Sermões do Novo Tabernáculo*.

NÃO DESISTA

06 SET

O sucesso na vida é determinado pelas vitórias. Somente quem triunfa sobre os obstáculos é bem-sucedido. Há vitórias a serem conquistadas em cada etapa do progresso de sua vida, sempre dependente do poder de Deus. Sob o comando de Deus você vencerá. A vida de Davi teve muitos e muitos fracassos, mas ele se levantou de cada um e fez um novo esforço. A vitória pode coroar sua vida se, como Davi, após cada queda você se voltar para Deus e, com Sua graça, esforçar-se mais uma vez para conquistar as vitórias da fé.

James G. K. McClure. In: Vivendo para o melhor.

"Espera no Senhor, anima-te, e ele fortalecerá o teu coração; espera, pois, no Senhor."
Salmos, 27:14

LEITURA BÍBLICA
1 SAMUEL, 17

 A religião que surge apenas de impressões superficiais costuma murchar, mas quando é testada por dificuldades, costuma crescer.
JONATHAN EDWARDS

CONTE SUAS BENÇÃOS

Olhe para trás e veja todo o caminho pelo qual Deus o conduziu. Você verá o pontilhado com dez mil bênçãos. Lembre-se do socorro necessário enviado no momento crítico, do tempo de respiro concedido, do qual seu espírito lutador precisava naquele exato momento. Jesus sempre esteve ao seu lado quando você precisava. O Amor Infinito o envolveu em cada evento com seus braços eternos. Refaça seus passos e conte suas bençãos.

F. Whitfield

LEITURA BÍBLICA
EFÉSIOS, 1:3-14

"Que diremos, pois, a estas coisas? Se Deus é por nós, quem será contra nós?"
Romanos, 8:31

07 SET

08 SET

"No amor não há temor, antes o perfeito amor lança fora o temor."
1 João, 4:18

LEITURA BÍBLICA
2 TIMÓTEO, 4:7-18

CONFIANÇA NO AMOR

O medo e o amor são como aquelas duas montanhas das quais foram pronunciadas as bênçãos e maldições da antiga lei: o Monte da Maldição, estéril, pedregoso, sem vegetação e sem água; e o Monte da Bênção, verde e brilhante, com muitas flores e abençoado com muitos riachos. O medo é estéril. O amor é frutífero. Um é escravo, e seu trabalho é de pouca valia. O outro é livre, e seus feitos são preciosos. Portanto, se quiser usar em sua vida o poder mais elevado que Deus dá para seu crescimento na graça, não tenha seus pensamentos com medo, mas sim cheios de amor.

Alexander McLaren

 Todos os que invocam a Deus com fé verdadeira, com sinceridade de coração, certamente serão ouvidos e receberão o que pediram e desejaram.
MARTINHO LUTERO

VIVA NA JERUSALÉM CELESTIAL

LEITURA BÍBLICA
SALMOS, 119:156-162

"Tu conservarás em paz aquele cuja mente está firme em ti; porque ele confia em ti."
Isaías, 26:3

Paulo diz que podemos nos aproximar de Deus, como de um Pai, um Salvador, não um tirano que nos mantém contra nossa vontade como seus escravos. Seu Espírito ensina a fazer Sua vontade e a copiar Seu exemplo, e sermos tratados por Ele como Seus amigos. Não nos é ordenado que permaneçamos a distância, com medo e tremor. Poderemos viver na cidade do Deus vivo, a Jerusalém celestial dos que estão inscritos nos céus.

Charles Kingsley. In: A água da vida.

09 SET

ESVAZIE SUA ALMA

10 SET

Assim como nós dependemos totalmente de Deus, a alma que crê depende d'Ele para a salvação. A fé dá toda a glória da redenção somente a Deus. É necessário que você seja esvaziado de si mesmo. A humildade é um grande ingrediente da verdadeira fé, pois aquele que recebe a redenção, recebe-a como uma criancinha. É o prazer de uma alma crente se rebaixar e exaltar: "Não a nós, Senhor, mas ao teu nome damos glória".

Sermões selecionados de Jonathan Edwards.

"Clamai, pois, o dia do Senhor está perto; vem do Todo-Poderoso."
Isaías, 13:6

LEITURA BÍBLICA
1 REIS, 8:56-62

 Em um mundo onde há tanto para entristecer, abençoada é a comunhão com Deus, a única e verdadeira fonte de toda a alegria permanente!
TRENCH

PASSE TEMPO COM O TODO-PODEROSO

Uma hora tranquila passada a sós com Deus no início do dia é o melhor começo para as labutas e preocupações dos negócios. Isso traz alegria e paz ao coração. Ao colocar todas suas preocupações sob os cuidados e a guarda do Senhor, esforçando-se fielmente para fazer Sua vontade, terá a alegre confiança de que, por mais sombrios ou desanimadores que os acontecimentos possam parecer, a mão de nosso Pai está guiando tudo e dará a direção mais sábia a todos os seus trabalhos.

Dwight L. Moody

LEITURA BÍBLICA
ECLESIASTES, 3:1-15

"Quando, pois, tiveres comido, e fores farto, louvarás ao Senhor teu Deus pela boa terra que te deu."
Deuteronômio, 8:10

11 SET

12 SET

TOME O JUGO DO SENHOR

"Temamos agora ao Senhor nosso Deus, que dá chuva, a temporã e a tardia, ao seu tempo; e nos conserva as semanas determinadas da sega."
Jeremias, 5:24

LEITURA BÍBLICA
JOSUÉ, 1:1-13

O Senhor faz um convite a toda alma viva: "Vinde a mim todos os que estais cansados e oprimidos, e eu vos aliviarei". Não fique desencorajado, pensando que talvez a promessa não seja para você, e não diga: "Sou orgulhoso e não sou pobre de espírito nem manso, não tenho fome de justiça nem sou misericordioso. Estou excluído de todas as bênçãos!". Você será abençoado, pois está a caminho de receber a justiça de Deus. Tome o jugo do Senhor, e encontrará descanso para sua alma.

George MacDonald. In: A esperança do Evangelho.

 Quando o Espírito de Deus entrar em seu coração e no meu, será fácil amar e servir a Deus.
D.L. MOODY

DEUS É SEU AJUDADOR

LEITURA BÍBLICA
ISAÍAS, 49:1-13

"Porque eu, o Senhor teu Deus, te tomo pela tua mão direita; e te digo: Não temas, eu te ajudo."
Isaías, 41:13

Você não precisa de mais sabedoria do que a que existe no Pai, mais amor do que o que se manifesta no Filho, ou mais poder do que o que se manifesta nas influências do Espírito. Junte suas necessidades e traga-as para Jesus, seus sofrimentos, suas preocupações. O rio de Deus está cheio para o seu suprimento. O que você pode desejar além disso? Vá em frente com o poder do Deus eterno, o seu ajudador!

Charles Spurgeon

13 SET

14 SET

O AMOR DE DEUS ENCHE SEU CORAÇÃO

O vento começa a soprar onde há vácuo. Se você encontrar uma onda de vento, saberá que em algum lugar há um espaço vazio. Tenha certeza absoluta deste fato: se você puder expulsar todo o orgulho, a vaidade, a justiça própria, a busca de si mesmo, o desejo de aplauso, a honra e a promoção, se por algum poder divino você for totalmente esvaziado de tudo isso, o Espírito de Deus virá como um vento forte e impetuoso para encher seu coração.

A. J. Gordon

"O vento assopra onde quer, e ouves a sua voz, mas não sabes de onde vem, nem para onde vai; assim é todo aquele que é nascido do Espírito."
João, 3:8

LEITURA BÍBLICA
JOÃO, 3:1-15

A oração não é o dever natural de uma criatura para com seu criador, a homenagem mais simples que a necessidade humana pode prestar a Deus.
CHARLES SPURGEON

O AMOR TRAZ FELICIDADE

Temos usado a palavra "amor" de forma leviana a ponto de rebaixarmos seu significado, fazendo-a soar como mero interesse, simpatia ou afeição. A palavra "amor" está associada a Deus como nenhuma outra. A pessoa generosa, altruísta e dedicada é o tipo mais elevado de ser humano, pois a devoção aos interesses dos outros é a solução para os problemas sociais do mundo. O amor nos faz feliz, proporciona e sustenta a alegria. O amor é contentamento e alegria, uma flor radiante cujo perfume é refrescante.

James G. K. McClure. In: Vivendo para o melhor.

LEITURA BÍBLICA
JOÃO, 16:9-27

"E consideremo-nos uns aos outros, para nos estimularmos ao amor e às boas obras."
Hebreus, 10:24

15 SET

16 SET

CRISTO ESTÁ AO SEU REDOR

Deus criou esta vida e, como todas as coisas que Ele criou, é muito boa. Mas há vidas felizes e infelizes. A vida com o Espírito de Deus é como uma noite de sonhos agradáveis. Se a sua vida é como uma noite, não de paz e descanso, mas de cansaço, dor, ansiedade e miséria, você precisa perceber que Cristo está ao seu redor, batendo à porta de seu coração, pedindo que possa entrar, habitar ali e dar-lhe paz. Você descobrirá que a armadura da luz é uma defesa contra tudo o que pode prejudicar sua mente e sua alma.

Charles Kingsley. In: A água da vida.

"Quem pratica a verdade vem para a luz, a fim de que as suas obras sejam manifestas, porque são feitas em Deus."
João, 3:21

LEITURA BÍBLICA
SALMOS, 143

Cristo é a verdadeira luz do mundo; é só através dele que a verdadeira sabedoria é transmitida à mente.
JONATHAN EDWARDS

VIVA NA GRAÇA

Fomos feitos para o amor, que nos conduz a Cristo, a Verdade, para despertar em nossas mentes a compreensão de que não somos capazes de evitar fazer algum mal ao próximo. Uma pessoa sem amor pode causar mal por meio de palavras, olhares, tons, gestos ou silêncio, prestar falso testemunho. Somos instruídos a amar e não a julgar. Fomos feitos para a graça. Devemos ansiar pela graça, ou seja, pela condição divina na qual o amor é tudo, pois Deus é amor.

George MacDonald. In: Sermões não proferidos.

LEITURA BÍBLICA
1 PEDRO, 1:13-22

"Permaneça o amor fraternal."
Hebreus, 13:1

17 SET

VOCÊ HABITARÁ EM UM REINO GLORIOSO

18 SET

Os santos têm a redenção porque o sangue expiatório sobre o qual repousa o perdão foi derramado há muito tempo. Mas a libertação final não estará completa até a volta de Jesus, quando todos os eleitos de Deus, de todas as eras e de todos os países, estarão reunidos em um só lugar, sem tristeza e sem medo, sem morte, sem pecado, sem sequer uma tentação que estrague sua alegria, todos salvos por um Salvador perfeito, herdeiros de um reino glorioso e unidos na comunhão celestial em uma abençoada eternidade de alegria sem fim.

Edward Hoare. In: Redenção.

"Não temerá maus rumores; o seu coração está firme, confiando no Senhor."
Salmos, 112:7

 **LEITURA BÍBLICA**
APOCALIPSE, 21:1-7

 "Nenhuma pessoa pode realizar uma obra grande e duradoura para Deus se não orar de coração, e ninguém pode prosperar se não dedicar muito tempo à oração."
EDWARD BOUNDS

SEJA MEMBRO DA FAMÍLIA DE DEUS

 **LEITURA BÍBLICA**
EFÉSIOS, 3:9-21

O céu é a casa onde Deus habita com sua família. Os membros dessa família estão agora na Terra, pois ainda não chegaram em casa, mas todos estão indo para casa, como dito em Efésios, 3:15: "De quem é chamada toda a família no céu e na terra". O céu é o lugar que Deus construiu para Seus muitos filhos. Deus nos fez membros de Sua família, e o céu é nossa casa.

Sermões selecionados de Jonathan Edwards.

"Já não sois estrangeiros, nem forasteiros, mas concidadãos dos santos, e da família de Deus."
Efésios, 2:19

19 SET

20 SET

TORNE-SE UMA CRIANÇA

"A noite é passada, e o dia é chegado. Rejeitemos, pois, as obras das trevas, e vistamo-nos das armas da luz."
Romanos, 13:12

LEITURA BÍBLICA
MATEUS, 17:1-12

Ver Deus e amá-Lo significa uma coisa só. Mas Ele somente pode ser revelado à alma que vive como uma criança, perfeitamente pura. Se você se tornar como uma criança, Deus será revelado a você. Ninguém pode ter conhecimento verdadeiro de Deus enquanto não for como uma criança, pois só com essa simplicidade pode se tornar filho de Deus. Conhecer o Pai é a única coisa necessária a todo filho. Conforte-se, então, pois conhecerá o Pai por meio de Jesus, o Filho que veio a nós para O revelar.

George MacDonald. In: A esperança do Evangelho.

 Qualquer coisa suficientemente grande para iluminar um desejo, é suficientemente grande para pendurar uma oração.
GEORGE MACDONALD

SONHE COMO JESUS

LEITURA BÍBLICA
SALMOS, 4

"Eu sou a luz do mundo; quem me segue não andará em trevas, mas terá a luz da vida."
João, 8:12

O amor é a única justiça real. Se você perdoar quem comete um erro, deve esquecer que o erro foi cometido, porque seu principal objetivo não deve ser a punição do malfeitor, mas sua recuperação. Nenhuma sociedade é organizada com base nesses princípios, dizendo ser impossível aplicar os ensinamentos de Jesus, afirmando que Ele era apenas um sonhador romântico, com visões totalmente utópicas de amor e justiça. Na história da humanidade, Aquele que foi amado como nenhum outro por multidões ao longo dos tempos é, afinal, um sonhador ou um anarquista moral!

W. J. Dawson. In: O império do amor.

21 SET

22 SET

CHEGOU A HORA DE SEGUIR

Há horas decisivas. De acordo com o uso delas está o sucesso ou o fracasso. Elas são as oportunidades supremas de nossa existência, aquelas em que o coração é movido em direção ao bem, quando a presença de Deus é sentida. Elas nos trazem a convicção do que é certo, um senso de que nossos pés devem trilhar o caminho de Deus. Outras horas podem ser boas, mas a hora em que uma alma é colocada face a face com o dever e com Deus é a melhor de toda a nossa vida.

James G. K. McClure. In: Vivendo para o melhor.

"Então disse Jesus aos seus discípulos: Se alguém quiser vir após mim, renuncie-se a si mesmo, tome sobre si a sua cruz, e siga-me."
Mateus, 16:24

LEITURA BÍBLICA
LUCAS, 5:1-11

E assim, Deus nos dá um pouco de adversidade aqui, um pouco de prosperidade ali, e tudo funciona para o nosso bem.
D.L. MOODY

O SOL CONTINUA A BRILHAR

A hora mais brilhante é quando a chuva cessa, e o Sol brilha novamente para alegrar a terra com seus sorrisos. Assim é com o coração do cristão. A tristeza não dura para sempre. Após a chuva da adversidade, vem sempre o brilho claro, resta um descanso para o povo de Deus. A paz após a tribulação produz uma atmosfera que refresca, pois a alegria do Senhor, após períodos de tristeza, torna a alma frutífera. Que possamos crescer na graça de nosso Senhor e Salvador Jesus Cristo.

C. Spurgeon. In: Colheitas entre os feixes.

LEITURA BÍBLICA
1 CRÔNICAS, 16:20-36

"Levanta-te em nosso auxílio, e resgata-nos por amor das tuas misericórdias."
Salmos, 44:26

23 SET

24 SET

CONSOLE AS PESSOAS

"Não saia da vossa boca nenhuma palavra torpe, mas só a que for boa para promover a edificação, para que dê graça aos que a ouvem."
Efésios, 4:29

LEITURA BÍBLICA
ISAÍAS, 40:1-11

Quando você encontrar uma pessoa perturbada, diga a ela sobre o Senhor, conte a maravilhosa história do relacionamento de Deus com Seu povo. Lembre a ela que Deus, que dividiu o Mar Vermelho, pode ajudá-la a passar pelas águas profundas da aflição. Fale de Suas misericórdias, que "nenhuma condenação há para os que estão em Cristo". Diga que Jesus está preparando um lugar no céu para ela. Assim, com a bênção de Deus, você cumprirá sua missão e consolará um de Seu povo.

C. Spurgeon. In: Colheitas entre os feixes.

> A graça de Deus é abundante, perdão para o pior pecado, conforto para o sofrimento mais agudo, a luz mais brilhante para a escuridão mais densa.
> *T. W. TALMAGE*

ENTREGUE-SE A CRISTO

LEITURA BÍBLICA
HEBREUS, 10:10-20

"Eis aqui venho, para fazer, ó Deus, a tua vontade."
Hebreus, 10:9

Nada nos ajudará a viver neste mundo, a não ser o Espírito de Cristo, que considerava Seu corpo preparado por Deus para Seu serviço, e também considera nosso corpo preparado por Ele, para que possamos oferecê-lo a Ele. Como Cristo, nós também devemos entregar nosso corpo, com cada membro, cada ação, para cumprir Sua vontade, para ser oferecido a Ele, para o glorificar. Como Cristo, devemos provar em nosso corpo que somos santos para o Senhor.

Andrew Murray

REPARE SEUS ERROS

26 SET

Não é lamentando o que é irreparável que o trabalho deve ser feito, mas fazendo o melhor que podemos. Não é reclamando que não temos as ferramentas certas, mas usando bem as ferramentas que temos. O que somos e onde estamos é arranjo de Deus – obra de Deus. A vida é uma série de erros, e aquele que dá menos passos em falso não é o melhor cristão, mas sim o cristão que obtém as vitórias mais esplêndidas por meio da reparação dos próprios erros.

W. Robertson

"Esquecendo-me das coisas que atrás ficam, prossigo para o alvo, pelo prêmio da soberana vocação de Deus."
Filipenses, 3:13-14

LEITURA BÍBLICA
1 CORÍNTIOS, 10:22-27

> Siga em frente. Não pare, não se demore em sua jornada, mas esforce-se para alcançar a marca estabelecida por Deus para você.
> *GEORGE WHITEFIELD*

A ENERGIA DE CRISTO

É possível amar nossos desafetos? Deus ama a todos. Portanto, essa deve ser a missão mais elevada. Mas é razoável esperar que uma pessoa seja capaz de fazer isso? Sim. A energia divina age no cristão para tornar sua ação divina. Foi por isso que Jesus orou: "Que todos sejam um, como tu, ó Pai, o és em mim, e eu em ti, que também eles sejam um em nós". Nosso Senhor sabe que um dia você conseguirá.

George MacDonald. In: Sermões não proferidos.

LEITURA BÍBLICA
TIAGO, 1:1-6

"Para que o homem de Deus seja perfeito, e perfeitamente instruído para toda a boa obra."
2 Timóteo, 3:17

27 SET

28 SET

DEUS NOS DESENVOLVE

"Para que a prova da vossa fé, muito mais preciosa do que o ouro, se ache em louvor, na revelação de Jesus Cristo."
1 Pedro, 1:7

LEITURA BÍBLICA
PROVÉRBIOS, 17:3-10

A expressão "a quem o Senhor ama, ele corrige" tem sido mal aplicada aos sofrimentos dos cristãos. Há outro propósito, que é provar a fé. Algumas tristezas são castigos que os filhos de Deus sofrem por causa de erros cometidos, para corrigi-los, mas há sofrimentos que não são assim, eles servem para tirar de nós os defeitos ou para nos desenvolver. Portanto, não diga a alguém sofrendo que é um castigo, muitas vezes é uma afirmação cruel e falsa.

T. T. Martin: In: O plano de Deus para a humanidade.

> Cuide de sua vida e o Senhor cuidará de sua morte.
> GEORGE WHITEFIELD

SEJA LUZ

LEITURA BÍBLICA
1 SAMUEL, 22:17-29

"Toda a boa dádiva e todo o dom perfeito vem do alto, descendo do Pai das luzes."
Tiago, 1:17

A simpatia é um dever especial do cristão. Mesmo que todas as pessoas sejam egoístas, ele deve ser desinteressado, e se em nenhum outro coração houver simpatia pelos necessitados, deve haver um coração assim em todo peito cristão. Você está no mundo para salvar os outros, tem o dever de ser luz. Não é seu privilégio que digam de você, como de seu Mestre: "Ele salvou os outros, mas não pôde salvar a si mesmo".

Charles Spurgeon

29 SET

EXPERIMENTE AMAR A SEU SEMELHANTE

30 SET

Se você ama a Deus de todo o seu coração, também amará seu próximo como a si mesmo. Pode começar a pensar em seus vizinhos e tentar sentir amor por eles. Com alguns nem sentirá dificuldade, pois os amará pelas qualidades amigáveis. É melhor do que se não tivesse ninguém para amar ou não amasse ninguém. Então, lembre-se das palavras do Senhor: "Se amardes os que vos amam, que recompensa tereis?", e sua mente se fixa em alguém chato, desinteressante. O que deve fazer com ele? Mesmo com todo o seu esforço, você acha que a meta está mais distante do que nunca. O que Jesus quis dizer com o amor ao próximo Ele ilustra em sua história do bom samaritano. "Quem é o meu próximo?", disse o advogado. E o Senhor lhe ensinou que todo aquele para quem ele podia fazer alguma coisa era seu próximo, qualquer pessoa que entrar em contato com nossa natureza é nosso próximo.

Você pode ter começado a amar seu próximo com a esperança de amá-lo como a si mesmo. Não recue assustado diante de outra palavra de Jesus, bem mais difícil do que a primeira: "Amai os vossos inimigos".

George MacDonald. In: Sermões não proferidos.

"Porque toda a lei se cumpre numa só palavra, nesta: Amarás ao teu próximo como a ti mesmo."
Gálatas, 5:14

PENSAMENTO DO DIA

Quando nosso Senhor diz que devemos nos converter e nos tornar como criancinhas, suponho que ele queira dizer também que devemos ter consciência de nossa fraqueza, comparativamente falando, como uma criancinha.

George Whitfield

REFLEXÕES
_____
_____
_____
_____
_____
_____
_____

LEITURA BÍBLICA
MARCOS, 12:29-40

"Se dissermos que temos comunhão com ele, e andarmos em trevas, mentimos, e não praticamos a verdade. Mas, se andarmos na luz, como ele na luz está, temos comunhão uns com os outros, e o sangue de Jesus Cristo, seu Filho, nos purifica de todo o pecado."

1 João, 1:6-7

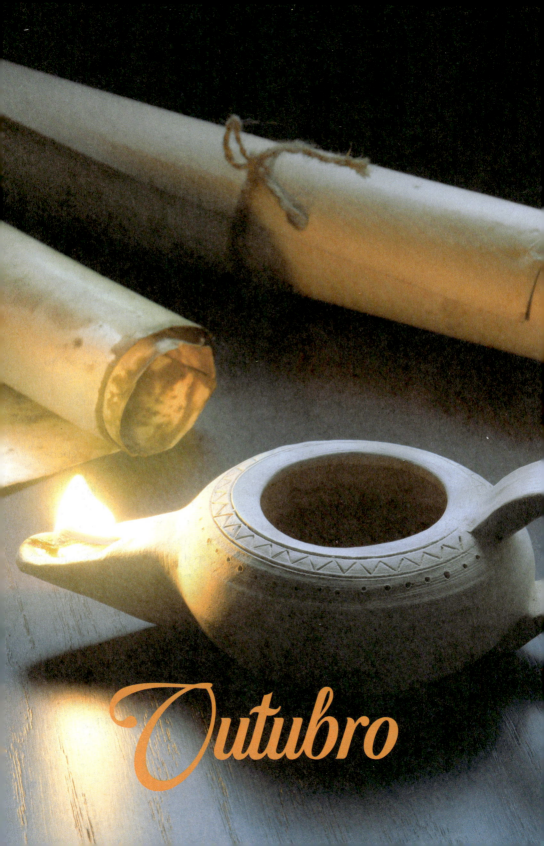

01 OUT

SOMOS TODOS PRÓDIGOS

"Há alegria diante dos anjos de Deus por um pecador que se arrepende."
Lucas, 15:10

Jesus contou uma história sobre um pai com dois filhos, um trabalhador e obediente, o outro rebelde. O filho rebelde abandona a casa, vai para um país distante e desperdiça seus bens em uma vida desregrada. O irmão mais velho é respeitável, alheio às paixões desregradas.

Jesus nos faz sentir que o filho desonrado ama o pai, por isso recorreu a ele em sua angústia. O pai é revelado como a personificação do amor. Ele não censura, não impõe condições, simplesmente dá ao filho sua dignidade de volta. O pródigo restaurado senta-se no banquete, apoiado no peito do pai.

Jesus se antecipa às críticas com uma das declarações mais surpreendentes que já saíram de Seus lábios: "Há mais alegria no céu entre os anjos de Deus por um pecador que se arrepende do que por noventa e nove justos que não precisam de arrependimento". Deus age assim, pois Deus é amor. O amor do cristão deve ser do tipo que "é sofredor e benigno, não se porta inconvenientemente, não busca os seus interesses, não se irrita, não leva em conta o mal, tudo suporta, tudo crê, tudo espera, tudo suporta". E se perguntarmos o que acontece com a justiça, Jesus nos garante que o amor é a única justiça real. Pois o principal objetivo da justiça não é a punição, mas a recuperação. Uma justiça verdadeiramente iluminada está menos preocupada com a punição do erro, e mais com a recuperação de quem erra.

W. J. Dawson. In: *O império do amor.*

PENSAMENTO DO DIA

O grande e importante dever que incumbe aos cristãos é proteger-se contra toda aparência de maldade; vigiar contra os primeiros despertares do coração para o mal; e vigiar nossas ações, para que não sejam pecaminosas ou pareçam ser.

George Whitfield

REFLEXÕES

_____
_____
_____
_____
_____
_____
_____

LEITURA BÍBLICA
LUCAS, 15:11-32

02 OUT

PERDÃO RESTAURADOR

Quando nos tornamos filhos de Deus, não estamos mais sob a lei, somos redimidos e passamos a ser filhos. Então, por que orar a Deus para ser perdoado? Você não pede o perdão de Deus para ser seu filho, mas para ter a comunhão, antes perturbada, restaurada. É a comunhão com o Pai Celestial que é restaurada pelo perdão e é buscada na oração. Cristo morreu pelos pecados de uma vez por todas, e quem crê em Jesus tem seu relacionamento com Deus restaurado. O pecado pelo qual um cristão tem de buscar perdão diariamente não anula sua aceitação por Deus.

T. T. Martin: In: O plano de Deus para a humanidade.

> "Ao Senhor, nosso Deus, pertencem a misericórdia, e o perdão."
> *Daniel, 9:9*

LEITURA BÍBLICA
ATOS, 2:36-40

> Se quisermos ser discípulos de Jesus Cristo, devemos negar a nós mesmos, tomar nossa cruz e segui-Lo.
> *D.L. MOODY*

HABITE EM CRISTO

Se você estiver em Cristo Jesus, está livre. Seu resgate foi pago, sua expiação foi concluída. Essa parte da redenção não é algo que deva estar buscando, orando, mas nunca desfrutando, almejando, mas nunca alcançando. Alegre-se com a liberdade e agradeça por ela. Esqueça a escravidão passada na alegria da liberdade com a qual Cristo o libertou, e siga em frente com um coração agradecido para agradar Àquele que graciosamente quebrou sua corrente.

Edward Hoare. In: Redenção.

LEITURA BÍBLICA
SALMOS, 111

> "No Senhor há misericórdia, e nele há abundante redenção."
> *Salmos, 130:7*

03 OUT

04 OUT

A NATUREZA DA FÉ

"Jesus falou-lhes, dizendo: É-me dado todo o poder no céu e na terra."
Mateus, 28:18

LEITURA BÍBLICA
LUCAS, 20:9-18

Jesus escolheu doze apóstolos. Ele desejava que tivessem tanta confiança n'Ele que se entregassem totalmente à Sua guarda. Por causa da falta de fé, Ele os repreendeu na tempestade do lago. A fé deles falhou novamente na Crucificação, e a primeira tarefa do Mestre, após a Ressurreição, foi reconstruir essa confiança abalada. Os primeiros capítulos do Livro de Atos registram que Ele foi bem-sucedido, pois esses mesmos homens entregaram suas vidas à guarda de Jesus, que tem toda a autoridade no céu e na terra. Essa é a verdadeira natureza da fé.

E. J. Bidwell et.al. In: Fundamentos da religião.

 "Ore por grandes coisas, espere grandes coisas, trabalhe por grandes coisas, mas, acima de tudo, ore."
R. A. TORREY

ENCONTRE DESCANSO

LEITURA BÍBLICA
SALMOS, 144

"Quem habita no esconderijo do Altíssimo, à sombra do Onipotente descansará."
Salmos, 91:1

O Senhor diz nos Evangelhos como as pessoas perturbadas podem ter descanso, ao afirmar: "Eu tenho descanso porque obedeço ao Pai. Sejam mansos e humildes de coração, assim como eu sou. Eu faço a vontade de Deus, não a minha. Tome sobre você o jugo, obedeça a Ele como eu. Então, vocês também encontrarão descanso para suas almas, terão a mesma paz que eu tenho, não ficarão mais cansados e sobrecarregados".

George MacDonald. In: A esperança do Evangelho.

06 OUT

PODER EM JESUS

Cristo abraça os deserdados, pessoas fortes que se tornaram fracas, aqueles que foram destruídos pela insensatez e pela paixão excessiva à vida mundana. Para eles, as palavras de perdão ilimitado e do amor inalterável é o único Evangelho vital, o único eficaz. Para seus ouvidos desamparados, o amor que Ele ensina não soará estranho, pois é o único tipo de amor que pode redimi-los, o único capaz de os elevar novamente. Sua mensagem é uma disposição divina para perdoar e extrair dessas pessoas um poder de amar ao próximo.

W. J. Dawson. In: *O império do amor.*

"Sobretudo, tende ardente amor uns para com os outros; porque o amor cobrirá a multidão de pecados."
1 Pedro, 4:8

 **LEITURA BÍBLICA**
JOÃO, 12:23-32

 É o nosso melhor trabalho que Deus quer, não os resíduos de nossa exaustão. Acho que ele deve preferir a qualidade à quantidade.
GEORGE MACDONALD

NÃO ABANDONE SEU DEVER

A luz de Cristo dará a você sabedoria para perceber o que deve fazer, e graça para cumprir fielmente. Ela manterá seu coração sadio, pois o impedirá de quebrar suas boas resoluções e de abandonar seu dever. Fará seu coração puro, altruísta, perdoador, pronto para esperar, crer e suportar todas as coisas, pela caridade divina que Deus derrama em sua alma. Ao olhar para a luz de Cristo, o que você vê se resume em uma palavra: amor abnegado.

C. Kingsley. In: *A água da vida.*

 **LEITURA BÍBLICA**
SALMOS, 119:123-135

"Vinde, ó casa de Jacó, e andemos na luz do Senhor."
Isaías, 2:5

07 OUT

08 OUT

A GRAÇA DÁ CORAGEM

Se um cristão se desanimar em suas provações, não buscar a graça de Deus para lutar com coragem contra os problemas, não pedir a Deus que lhe dê força para superar os momentos ruins, ele desonrará os nobres princípios do cristianismo, capazes de o fazer feliz, mesmo em tempos de aflição. Uma das glórias de um cristão é dizer: "Ainda que a figueira não floresça, nem haja fruto na vide, ainda que falhe o produto da oliveira, e o campo não dê mantimento, todavia eu me regozijarei no Senhor, exultarei no Deus da minha salvação".

Charles Spurgeon. In: Colheitas entre os feixes.

> "O justo se alegrará no Senhor, e confiará nele, e todos os retos de coração se gloriarão."
> *Salmos, 64:10*

LEITURA BÍBLICA
SALMOS, 64

Quero a presença do próprio Deus, ou não quero ter nada a ver com religião. Quero tudo o que Deus tem ou não quero nada.

A. W. TOZER

TENHA A FORÇA DE DEUS

Cento e vinte homens e mulheres comuns foram capazes de iniciar as conquistas do cristianismo! A eles foi confiada uma obra que fez o mundo inteiro se tornar uma irmandade. Você também pode servir ao seu Mestre e levar pessoas a conhecerem o Senhor. Só deve ser cheio do Espírito Santo. Então, as dificuldades se dissolvem no ar, não há limite para suas esperanças, pois seu poder é ilimitado pela força do Todo-Poderoso.

M. G. Pearse

LEITURA BÍBLICA
ATOS, 1:4-20

> "Recebereis poder, ao descer sobre vós o Espírito Santo, e sereis minhas testemunhas."
> *Atos, 1:8*

09 OUT

ELE CAMINHA AO SEU LADO

10 OUT

Muitas vezes, o Senhor está presente em nossa vida em coisas que sequer imaginamos que tenham algum significado. Você pede a Deus algo que precisa de Sua poderosa ajuda, e Ele está ao seu lado, talvez por semanas, meses e anos, sem ser reconhecido, até que, de repente, um dia, ele se torna luminoso e glorioso. Deus gosta de mostrar Sua mão por meio do inesperado. Muitas vezes, Ele nos impede de ver Seu caminho até pouco antes de abri-lo e, então, imediatamente depois de desvendado, descobrimos que Ele estava caminhando ao nosso lado, muito antes de suspeitarmos.

A. B. Simpson

> "Deus é o nosso Deus para sempre; ele será nosso guia até à morte."
> *Salmos, 48:14*

LEITURA BÍBLICA
LUCAS, 24:13-35

Confie em Deus onde você não pode vê-Lo. Não tente penetrar na nuvem que Ele traz sobre você; em vez disso, olhe para o arco que está sobre ela. O mistério é de Deus; a promessa é sua.
J. R. MACDUFF

CONFIE NA GRAÇA DE DEUS

Quando você estiver ajoelhado à mesa do Senhor, em nome de todos os que receberem a comunhão diga esta oração: não pretendemos vir a Tua mesa, ó Senhor, confiando em nossa justiça, mas sim em Tuas grandes misericórdias. Não somos dignos sequer de recolher as migalhas debaixo de Tua mesa. Concede-nos, Senhor, que nossos corpos sejam purificados e nossas almas lavadas, e que possamos sempre habitar Contigo e Tu em nós.

A. E. Burgett. In: A porta do céu.

LEITURA BÍBLICA
MATEUS, 26:26-46

> "Fiel é Deus, pelo qual fostes chamados para a comunhão de seu Filho Jesus."
> *1 Coríntios, 1:9*

11 OUT

12 OUT

PROGREDIR É UMA LEI DO UNIVERSO

"Porque necessitais de paciência, para que, depois de haverdes feito a vontade de Deus, possais alcançar a promessa."
Hebreus, 10:36

LEITURA BÍBLICA
HEBREUS, 10:32-39

As pessoas boas ficam melhores, mais fortes. Você deve compreender sua missão para promovê-la de modo que seus planos tenham maior alcance, e seus projetos luminosos reúnam pessoas em torno do Príncipe da Paz. Agora permanecem a fé, a esperança e o amor. Fé que se apodera da Onipotência de Deus e, portanto, não pode ser frustrada. Esperança que transforma os triunfos futuros em alegria no presente. Amor que exulta na sua emancipação de acordo com o coração de Deus.

W. K. Tweedie. In: Lâmpada para o caminho.

 "Combata o bom combate da fé, e Deus lhe dará misericórdias espirituais."
GEORGE WHITEFIELD

OLHE PARA JESUS E SEJA ILUMINADO

LEITURA BÍBLICA
JÓ, 33:26-33

"Enquanto tendes luz, crede na luz, para que sejais filhos da luz."
João, 12:36

Se você olhar mais para Jesus, em vez de para si mesmo, seus problemas não parecerão tão grandes nem tão graves. Na noite mais escura da provação, olhar para Cristo clareará o céu. Quando a escuridão for espessa, um olhar para Jesus será suficiente para o auxiliar em todas as suas dificuldades. Olhar para Ele iluminará o caminho, estimulará sua força. Olhe para Ele e seja iluminado!

Charles Spurgeon. In: Colheitas entre os feixes.

FIQUE FIRME NA FÉ

Um cristão deve perguntar a si mesmo: "Será que estou a trilhar o caminho de amor e conhecimento celestiais, e estou progredindo nele?". Permaneça na fé, e todas as suas ações servirão para o animar em seu caminho com Deus. Ele enviará bênçãos que o levem para a frente. O céu será sua canção, Jesus conduzindo você de altura em altura de glória, e dizendo, como disse a Natanael: "Verás coisas maiores do que estas!".

J. R. MacDuff

> "A vereda dos justos é como a luz da aurora, que vai brilhando mais e mais até ser dia perfeito."
> *Provérbios, 4:18*

LEITURA BÍBLICA
PROVÉRBIOS, 4:1-13

> Quem ama permanece na luz, e nele não há motivo de tropeço, porque permanece em Deus, e Deus nele.
> *C. KINGSLEY*

ORAÇÃO GENUÍNA

Algumas pessoas parecem considerar a oração um conjunto de palavras solenes, aprendidas na Bíblia, mas as pronunciam apenas da boca para fora. A oração genuína é a conversa direta de uma alma crente com Deus, por meio da qual a ação de graças, a confissão de pecados e o pedido de misericórdias e dádivas sobem ao trono. Assim, bênçãos infinitas são trazidas do céu. Ela nos leva a uma comunhão mais próxima com Deus e com Sua sábia e santa vontade.

Theodore L. Cuyler

LEITURA BÍBLICA
2 CRÔNICAS, 7:14-22

> "Ouve nos céus a sua oração e a sua súplica, e faze-lhes justiça."
> *1 Reis, 8:45*

16 OUT

"Porque andamos por fé, e não por vista."
2 Coríntios, 5:7

LEITURA BÍBLICA
2 CORÍNTIOS, 5:1-12

DEIXE A FÉ GUIAR

A fé viva é o ato elementar dentro do ser humano que sai dele em busca do conhecimento de Deus como Pai. É a maior força energizante dentro de você, pois inclui outras capacidades da sua personalidade, como suas emoções e sua vontade. A razão tem limitações, mas o amor a ultrapassa. É exatamente o mesmo com a fé. Se quiser saber o que é a fé, entregue-se à sua influência, permita-se sair em resposta a ela, deixe que ela o leve adiante, até que venha a conhecer a iluminação da fé. O conhecimento pessoal de Deus só pode ser alcançado por meio da fé.

E. J. Bidwell et.al. In: Fundamentos da religião.

> Confie em Deus, mesmo sem O ver. O mistério é de Deus, mas a promessa é para você.
> *J. R. MACDUFF*

GUARDADOS NO PODER DE DEUS

LEITURA BÍBLICA
SALMOS, 16

"Guarda-me, ó Deus, porque em ti confio."
Salmos, 16:1

O povo de Deus, depois de ser chamado pela graça, é preservado em Cristo Jesus, "guardados pelo poder de Deus, mediante a fé, para a salvação". Não perca sua herança eterna. Se surgirem tentações, você receberá força para enfrentá-las. Lembre-se de que você é auxiliado em sua hora de necessidade por causa da misericórdia de Deus. Ele não ajuda você por algo que você faz por Ele. Seu motivo para abençoá-lo está em Seu coração. Bendito seja Deus, Seu povo será guardado.

Charles Spurgeon

17 OUT

PODER DIVINO

Deus o torna capaz de ser e fazer, então, certamente, você entra na plenitude de sua liberdade e se torna o filho liberto de Deus. Cada impulso de seu corpo flui a fim de alcançar seus propósitos. A vida se intensifica e se torna mais séria com um propósito sério. Só então ela se abre para as maiores e mais nobres obras, nas quais você manifesta a riqueza de sua natureza ao se apropriar da força de Deus em atos grandiosos e altruístas. Saberá disso quando você se voltar para Deus, que dá a plenitude de Seu poder para você atingir seus objetivos.

Phillips Brooks

"Para que a vossa fé não se apoiasse em sabedoria dos homens, mas no poder de Deus."
1 Coríntios, 2:5

LEITURA BÍBLICA
1 CORÍNTIOS, 2:9-16

 " O homem vê suas ações, mas Deus vê seus motivos. Se você carregar sua cruz com alegria, Deus o carregará. "
T. KEMPIS

ORE EM PRIMEIRO LUGAR

A oração dá sentido, traz sabedoria, ilumina o pensamento. Os apóstolos conheciam o valor da oração. Eles sabiam que era uma necessidade mais urgente do que algum outro trabalho importante, por isso designaram leigos para cuidar dos deveres de ministrar aos pobres, para se entregarem à oração. Você deve colocar a oração em primeiro lugar, com fervor, perseverança e todo o seu tempo.

E. M. Bounds. In: O poder da oração.

LEITURA BÍBLICA
2 CRÔNICAS, 6:19-31

"Ouve, Senhor, a minha oração, e inclina os teus ouvidos ao meu clamor; não te cales perante as minhas lágrimas."
Salmos, 39:12

20 OUT

"Ó todos os que tendes sede, vinde às águas, e os que não tendes dinheiro, vinde, comprai, e comei; sim, vinde, comprai, sem dinheiro e sem preço, vinho e leite."
Isaías, 55:1

LEITURA BÍBLICA
JÓ, 5

PROCURE POR DEUS

"Vinde a mim, para que tenhais vida", é a mensagem de Jesus. Para ter o perdão dos pecados, para ter o Espírito Santo, a vida eterna de bondade, como os anjos e os arcanjos vivem para sempre diante de Deus. A bondade de Deus, pelo fato de ser misericordioso, diz: "Volte-se para o Senhor, e Ele se compadecerá, perdoará abundantemente". Venha até Deus, para ser recebido com compaixão e perdão.

C. Kingsley. In: *A água da vida*.

 "A maior tragédia da vida não é a oração não respondida, mas sim a oração não oferecida."
F.B. MEYER

LEITURA BÍBLICA
EZEQUIEL, 34:20-31

"Toda esta terra que vês, te hei de dar a ti, e à tua descendência, para sempre."
Gênesis, 13:15

21 OUT

TENHA AS BENÇÃOS ILIMITADAS DE DEUS

As promessas de Deus estão sempre em uma escala ascendente. Uma leva a outra, mais completa e mais abençoada. Na Mesopotâmia, Deus disse: "Eu te mostrarei a terra". Em Betel, "Esta é a terra". No início, para Abraão: "Eu te darei toda a terra, e filhos inumeráveis como os grãos de areia". É assim que Deus nos atrai para a santidade, sempre mantendo em mãos uma reserva infinita de bênçãos.

F. B. Meyer

ILUMINE-SE COM DEUS

A lâmpada que Deus acende faz brilhar a sua alma. Sua relação com Ele e com seus semelhantes é sua luz. Então, ela só brilha plenamente quando seu amor a mostra a todas as almas. Você deve acender sua lâmpada para iluminar a todos. O Senhor diz: "Eu vos iluminei, não para que brilheis para vós mesmos, mas para que ilumineis a todos. Eu os coloquei como uma cidade sobre um monte, para que toda a Terra veja e compartilhe de sua luz". Portanto, brilhe para que glorifiquem ao Pai pela luz que os ilumina.

G. MacDonald. In: A esperança do Evangelho.

"Levanta-te, resplandece, porque vem a tua luz, e a glória do Senhor vai nascendo sobre ti."
Isaías, 60:1

LEITURA BÍBLICA
ISAÍAS, 60

 "A misericórdia de Deus é tão grande que é melhor drenar o mar de suas águas, ou privar o sol de sua luz, ou tornar o espaço muito estreito, do que diminuir a grande misericórdia de Deus."
CHARLES SPURGEON

PEÇA A FORÇA DE DEUS

Peça a Deus que o ajude a fazer boas obras, de modo que sua vontade, sem ser prejudicada em sua livre operação, possa ser moldada por Sua vontade. Peça também que Ele dê a você força suficiente para ser capaz de fazer Sua vontade com todo o prazer. Assim, dia após dia, sua vida será uma manifestação de ações adoráveis que atestarão a presença de Deus. E as pessoas verão as suas boas obras e glorificarão ao Pai que está nos céus.

F. B. Meyer

LEITURA BÍBLICA
2 SAMUEL, 22:32-40

"Deus é o que me cinge de força e aperfeiçoa o meu caminho."
Salmos, 18:32

24 OUT

OLHE PARA A COROA CELESTIAL

"Tu és o Deus que fazes maravilhas; tu fizeste notória a tua força entre os povos."
Salmos, 77:14

LEITURA BÍBLICA
HABACUQUE, 3

Clame a Deus, suplicando-lhe que tenha compaixão de você, e entregue-se inteiramente em Suas mãos. Olhe para a coroa celestial que está preparada para aqueles que lutaram corajosamente. E, acima de tudo, cuidado para não retroceder. Em vez disso, esforce-se ao máximo para avançar até o alvo que Deus colocou diante de você. Peça a Deus que lhe conceda um espírito de prudência, para decidir o que é certo e adequado, para que você não seja enganado e não tome o mal pelo bem, um espírito de firmeza para ser constante em se conformar totalmente à vontade d'Ele.

João Calvino

 O nosso Deus tem recursos ilimitados. O único limite está em nós, em nossos pedidos, pensamentos, nossas orações demasiadamente limitadas.
A. B. SIMPSON

VIGIAI E ORAI

LEITURA BÍBLICA
JEREMIAS, 29:4-13

"Orarás a ele, e ele te ouvirá."
Jó, 22:27

25 OUT

Se você se entregar ao Espírito de Deus, os pedidos de suas orações estarão todos em harmonia com a vontade divina. Paulo declara que a vontade de Deus, a redenção e a mediação de Jesus Cristo para a salvação estão todas ligadas à oração. Observe como a oração é sempre mencionada no Novo Testamento: "Continuando sempre em oração"; "Orai sem cessar"; "Sede sóbrios e vigiai em oração". O chamado de Cristo foi "vigiai e orai". É a vontade de Deus que você ore.

Edward Bounds. In: A realidade da oração.

VIVA EM AMOR

26 OUT

Há apenas uma definição para um cristão: o tipo de vida que reproduz da forma mais precisa possível o espírito e o método da vida de Jesus. O que salta sobre nós como uma grande luz de cada página da Bíblia é clara: Ele viveu por amor. Ele tinha um fim mais nobre em vista, não podia viver sem amor. É muito importante o que Ele ensinou. Ele viveu de tal maneira que até hoje as pessoas veem que o amor é a única coisa pela qual vale a pena viver, que a vida só tem sentido se tiver amor. E essa é a tradição imperecível de Jesus.

W. J. Dawson. In: O império de amor.

> "Se nos amamos uns aos outros, Deus está em nós, e em nós é perfeito o seu amor."
> *1 João, 4:12*

LEITURA BÍBLICA
1 JOÃO, 4

Procure misturar gentileza em todas as suas repreensões; suporte as enfermidades dos outros; faça concessões às fragilidades, e nunca diga coisas duras, prefira as gentis, quando servirem.

J. R. MACDUFF

TODO-PODEROSO

A natureza do Senhor Jesus deve nos inspirar a mais plena confiança. Por ser Deus, ele é todo-poderoso para salvar; por ser homem, ele é cheio de toda a plenitude para abençoar; por ser Deus e homem em uma única pessoa majestosa, ele encontra o homem em sua criatura e Deus em sua santidade. A escada é longa o suficiente para alcançar desde Jacó, prostrado na terra, até Jeová, que reina no céu. Lembre-se de que Jesus é o caminho.

Charles Spurgeon

LEITURA BÍBLICA
ISAÍAS, 42:1-12

> "Louvai ao Deus dos céus; porque a sua benignidade dura para sempre."
> *Salmos, 136:26*

27 OUT

28 OUT

O BRILHO DE DEUS

"Tu, Senhor, és a minha lâmpada; e ilumina as minhas trevas."
2 Samuel, 22:29

LEITURA BÍBLICA
SALMOS, 118:19-29

Deus nos dá muito consolo, para apoiar-nos em muitos problemas. Ele nos eleva das profundezas da desolação à esperança de Sua proteção, ao nos iluminar interiormente com graça de tal forma que somos modificados para sermos melhores. Ele nos inflama com o fogo de Seu amor, e ilumina nossa cegueira com o brilho de Sua presença. Que maravilha ser totalmente incendiado por Deus, um fogo que sempre arde e nunca se apaga, um amor que purifica o coração e ilumina o entendimento.

T. Kempis

 "O caminho em que todo filho de Deus deve andar é aquele pelo qual Deus o acompanha."
D. SMITH

DEUS ATENDE AOS ANSEIOS DE SEU CORAÇÃO

LEITURA BÍBLICA
SALMOS, 37:1-11

"Olharam para ele, e foram iluminados; e os seus rostos não ficaram confundidos."
Salmos, 34:5

Fé é confiar totalmente no poder do Filho de Deus. Alguns acham que essa confiança é algo romântico, mas, de fato, é a coisa mais simples que pode existir. Temos um Pai a quem falamos, e Ele nos ouve, e um Salvador abençoado que ouve os anseios de nosso coração e nos ajuda em nossa luta contra o pecado. Tudo isso é claro para aquele que entende. Que isso seja claro para você agora!

Charles Spurgeon

29 OUT

APOIE-SE NA PROMESSA

30 OUT

Mesmo que você não saiba para onde ir, basta saber que vai com Deus. Apoie-se tanto nas promessas quanto no Promissor. Não olhe para as dificuldades de seu destino, mas para o Rei, eterno, imortal, invisível, o único Deus sábio, que determina seu curso e que certamente o glorificará. Sinta contentamento ao navegar com ordens seladas, por causa da confiança inabalável no amor e na sabedoria do Senhor, seu Almirante. Tenha disposição para se levantar, deixar tudo e seguir a Cristo, por causa da feliz certeza de que o melhor da terra não pode ser comparado ao menor do céu.

F. B. Meyer

"O homem sábio é forte, e o homem de conhecimento consolida a força."
Provérbios, 24:5

 **LEITURA BÍBLICA**
JÓ, 11

 A pessoa verdadeiramente sábia acredita na Bíblia contra outras opiniões. Se a Bíblia diz uma coisa, e qualquer grupo de pessoas disser outra, o sábio decidirá: 'Este livro é a Palavra daquele que não pode mentir'.
R. A. TORREY

PROCURE SER FIEL A DEUS

A fidelidade mede os atos como Deus os mede. A verdadeira consciência lida com os deveres para com Deus, de modo que o certo é o certo e o errado é o errado, seja qual for o tamanho da letra em que estejam impressos. "Grande" e "pequeno" não são palavras para o vocabulário de um cristão, pois ele conhece apenas duas palavras, "certo" e "errado". Ouça de Deus: grande será a tua fidelidade.

Alexander McLaren

 **LEITURA BÍBLICA**
LUCAS, 16:1-12

"Quem é fiel no mínimo, também é fiel no muito; quem é injusto no mínimo, também é injusto no muito."
Lucas, 16:10

31 OUT

"Tornaste o meu pranto em folguedo; desataste o meu pano de saco, e me cingiste de alegria, para que a minha glória a ti cante louvores, e não se cale. Senhor, meu Deus, eu te louvarei para sempre."

Salmos, 30:11-12

Novembro

01 NOV

> "Direi do Senhor: Ele é o meu Deus, o meu refúgio, a minha fortaleza, e nele confiarei."
> *Salmos, 91:2*

PENSAMENTO DO DIA

Se você conseguir conquistar o domínio completo sobre si mesmo, dominará facilmente todo o resto. Triunfar sobre si mesmo é a vitória perfeita. A pureza e a simplicidade são as duas asas com as quais uma pessoa se eleva acima da terra e de toda a natureza.

Thomas de Kempis

REFLEXÕES

_____
_____
_____
_____
_____
_____

FORTALEÇA SUA FÉ

A maneira pela qual a maioria das pessoas aumenta sua fé é por enfrentar grandes problemas. Não nos fortalecemos na fé em dias ensolarados. É em tempos de tempestade que a fé se fortalece. A fé não é uma conquista que cai como o suave orvalho do céu, porque ela geralmente vem com o redemoinho e a tempestade. Observe os velhos carvalhos. Como é possível que eles tenham se enraizado tão profundamente na terra? Não foi a chuva que fez isso, nem os raios de Sol, mas o vento forte que sacudiu a árvore de um lado para o outro, fazendo que suas raízes se aprofundassem e se firmassem. E assim deve ser conosco. Não podemos esperar formar bons marinheiros em piscinas, pois eles devem ser treinados em alto-mar, onde os ventos selvagens uivam e os trovões rufam como tambores. Tempestades e tormentas são as coisas que tornam os marinheiros fortes e resistentes. Eles veem as obras do Senhor e Suas maravilhas nas profundezas. É assim com os cristãos. A grande fé deve passar por grandes provações. O Sr. Grande Coração nunca teria sido o Sr. Grande Coração se não tivesse sido uma vez o Sr. Grande Problema. O valente pela verdade nunca teria colocado em fuga os inimigos e sido tão valente, se os inimigos não o tivessem atacado primeiro. Devemos esperar grandes problemas antes de alcançarmos muita fé.

Charles Spurgeon

LEITURA BÍBLICA
JOÃO, 11

02 NOV

DELEITE-SE NO SENHOR

Uma característica da oração é ser segundo as palavras: "Deleita-te no Senhor e Ele te concederá os desejos do teu coração". A qualidade indispensável de todo pedido correto é um espírito correto para com nosso Pai celestial. Quando uma alma sente uma submissão tão completa em relação a Deus que se deleita em vê-Lo reinar e Sua glória avançar, então os desejos de Deus e os desejos dessa alma submissa estarão de acordo. Deus gosta de dar àqueles que permitem que Ele faça o que quer. Encontram sua felicidade na harmonia de seus desejos com a vontade de Deus.

Theodore L. Cuyler

"Se o Senhor se agradar de nós, então nos porá nesta terra que mana leite e mel."
Números, 14:8

LEITURA BÍBLICA
EFÉSIOS, 6:6-18

"O mundo está perecendo por falta do conhecimento de Deus e algumas Igrejas morrendo de fome por falta de Sua Presença."
A. W. TOZER

NOVA FORÇA A CADA MANHÃ

A manhã é a hora marcada para um encontro com o Senhor. Pela manhã agradecerei a Deus por eu estar no meu melhor em força e esperança. Durante a noite, enterrei o cansaço de ontem e, pela manhã, recebo um novo sopro de energia. Há esperança vinda de Deus. Abençoado é o dia cuja manhã é santificada, cuja primeira vitória foi conquistada em oração! A saúde é estabelecida pela manhã. A riqueza é conquistada pela manhã. A luz é mais brilhante pela manhã.

Joseph Parker

LEITURA BÍBLICA
ISAÍAS, 11

"Em tudo dai graças, porque esta é a vontade de Deus."
1 Tessalonicenses, 5:18

03 NOV

04 NOV

"Não te deixes vencer do mal, mas vence o mal com o bem."
Romanos, 12:21

 LEITURA BÍBLICA
SALMOS, 12

DEIXE DEUS AGIR POR SEU INTERMÉDIO

Abra seu coração para o Salvador. Deixe que Ele viva livremente em sua vida e trabalhe sem impedimentos por meio de sua fé. Espere que Ele realize por meio de você, como um canal, algumas das maiores obras que devem caracterizar os últimos anos da era atual. De acordo com nossa fé, assim será para nós. Os resultados que vemos ao nosso redor são uma medida do que Cristo pode fazer. Esta é a função mais elevada da fé: ela nos solda em uma união viva com nosso Senhor, de modo que sejamos um com Ele, assim como Ele é um com Deus.

F. B. Meyer. In: *Amor até o fim*.

> Não pense tanto em quem está a favor ou contra você, mas dê todo o seu cuidado para que Deus esteja com você em tudo o que fizer.
>
> T. KEMPIS

 **LEITURA BÍBLICA**
SALMOS, 105

"Tu guiaste a este povo, que salvaste; com a tua força o levaste à habitação da tua santidade."
Êxodo, 15:13

05 NOV

SIGA A DEUS

Deus sempre tem um propósito em Sua condução. Ele sabe onde estão os pastos verdejantes e conduzirá Seu rebanho até eles. O caminho pode ser difícil, mas é o caminho certo. Os caminhos da retidão levam ao lugar certo. Muitos caminhos são ilusórios. Começam claros e simples, mas logo se perdem. Não levam a lugar algum. Mas os caminhos da retidão têm uma meta para a qual conduzem infalivelmente: à santidade do Pai.

J. R. Miller

ESCOLHA SER DE DEUS

06 NOV

O povo de Deus é a sociedade mais excelente e feliz do mundo. O Deus que eles escolheram como seu Pai lhes dá paz, Deus entrega a eles Seu amor. Ele lhes concedeu salvação, poder e misericórdia. Eles estão em um estado seguro. Deus os leva em asas de águia, muito acima do alcance de inimigos de suas almas. Deus está com eles neste mundo, e eles têm sua presença graciosa. Deus os leva para a comunhão com Seu Filho Jesus Cristo. E eles têm a promessa e o juramento divinos de que no mundo vindouro habitarão para sempre na gloriosa presença de Deus.

Sermões selecionados de Jonathan Edwards.

"Eles serão o meu povo, e eu lhes serei o seu Deus."
Jeremias, 32:38

 **LEITURA BÍBLICA**
1 PEDRO, 2:1-10

 Grande parte de nossa dificuldade como cristãos decorre de nossa relutância em aceitar Deus como Ele é, bem como ajustar nossa vida de acordo com isso.
A. W. TOZER

OUÇA A INSTRUÇÃO DE DEUS

 **LEITURA BÍBLICA**
ECLESIASTES, 8

Os cristãos devem guardar seus olhos. Jó disse: "Fiz uma aliança com os meus olhos", e sobre sua língua: "Guarda a tua língua do mal, e os teus lábios de falarem dolosamente". No que diz respeito aos ouvidos, há a advertência: "Deixa, filho meu, de ouvir a instrução que induz ao erro", e sobre os pés, Davi disse: "Refreei os meus pés de todo caminho mau, para guardar a Tua palavra". Escreva em cada porta: "Aqui não entra nada que possa contaminar".

Guthrie

"Guarda o teu coração, porque dele procedem as fontes da vida."
Provérbios, 4:23

07 NOV

08 NOV

PEÇA A DEUS LUZ E FORÇA

"Teus ouvidos ouvirão a palavra do que está por detrás de ti, dizendo: Este é o caminho, andai nele."
Isaías, 30:21

LEITURA BÍBLICA
JOÃO, 17:1-17

Enquanto seu coração procura seguir os ensinamentos da palavra de Deus e olha com fé para o que Deus fez e para o que Deus ainda fará ao cumprir a promessa: "O próprio Deus da paz vos santifique inteiramente". Nem por um momento se esqueça de ser obediente. Comece fazendo tudo o que lhe parecer certo. Desista de tudo o que sua consciência lhe disser que não está de acordo com a vontade de Deus. Não apenas ore pedindo luz e força, mas faça o que Deus diz. Fazer a vontade do Pai é a força e a marca de todo filho de Deus.

A. Murray. In: Santificação em Cristo.

 Ir para o céu, para desfrutar plenamente de Deus, é infinitamente melhor do que as acomodações mais agradáveis aqui.
JONATHAN EDWARDS

RECEBA O QUE PEDIR

LEITURA BÍBLICA
TIAGO, 5

"O que encobre as suas transgressões nunca prosperará, mas o que as confessa e deixa, alcançará misericórdia."
Provérbios, 28:13

O Evangelho não é um esquema de dar a Deus, mas de receber de Deus. É beber de Suas fontes. Tudo o que Deus pede de você é que estenda sua mão vazia e receba tudo o que quiser. Ele não pede que você armazene coisas e se torne rico, apenas que confesse sua pobreza e abra as portas de seus aposentos vazios, para que Ele derrame sobre você uma bênção que você dificilmente encontrará espaço para conter.

Charles Spurgeon

VIVA ETERNAMENTE LIVRE

10 NOV

A verdadeira liberdade é a liberdade espiritual, a liberdade da alma, aquela que Cristo concede, sem dinheiro e sem preço, a todos os verdadeiros cristãos. Nunca conheceremos o estilo mais elevado de liberdade até que sejamos cidadãos registrados no reino de Deus. Cristo nos torna livres da culpa, do pesado fardo das transgressões não perdoadas, que pesa tanto na consciência de muitos. Podem olhar para trás, para os longos anos de descuido, e dizer: "Ninguém poderá me acusar de nada". Essa é a verdadeira liberdade. Isso é ser livre.

J. C. Ryle. In: *Religião na prática*.

"Onde está o Espírito do Senhor, aí há liberdade."
2 Coríntios, 3:17

LEITURA BÍBLICA
GÁLATAS, 5:4-14

 Se quiser conhecer a vontade de Deus, há três coisas que sempre coincidem: o impulso interior; a Palavra de Deus; e a tendência das circunstâncias. Nunca aja até que essas três coisas estejam de acordo.
F. B. MEYER

PEÇA E RECEBA

Muitos cristãos se decepcionam com a oração. Pedem tantas coisas que nunca recebem, buscam sem encontrar, batem, mas a porta permanece fechada. Justificam dizendo que provavelmente Deus pretende dar algo melhor. O Pai sempre faz o melhor. Não se esqueça de que, se orar como deveria, pedindo o que está de acordo com Sua vontade, Ele o ouvirá. Ore conforme o ensinamento de Cristo.

F. B. Meyer. In: *Amor até o fim*.

LEITURA BÍBLICA
2 CORÍNTIOS, 8:5-15

"Esta é a confiança que temos nele, que, se pedirmos alguma coisa, segundo a sua vontade, ele nos ouve."
1 João, 5:14

11 NOV

NÃO SE DESVIE

"Meditarei nos teus preceitos, e terei respeito aos teus caminhos."
Salmos, 119:15

LEITURA BÍBLICA
SALMOS, 119:145-154

Quando Jesus disse: "Não rogo que os tires do mundo, mas que os guardes do mal que há no mundo", Ele proferiu uma oração e, ao mesmo tempo, uma regra para adaptar os cristãos na Terra. Há, sem dúvida, armadilhas e perigos além do que se pode contar para a alma dos cristãos, nas ocupações dos negócios, no comércio. Mas eles devem estar convencidos de que o sucesso depende da habilidade de não se desviar da verdade nem violar os preceitos de Deus. Devem estar firmemente convictos de que tudo o que desonra a Deus não pode beneficiar os negócios.

W. K. Tweedie. In: Lâmpada para o caminho.

 Da mesma forma que o Sol nunca se cansa de brilhar nem um riacho de fluir, é da natureza de Deus cumprir Suas promessas. Portanto, vá imediatamente ao Seu trono e diga: 'Faça o que prometeu'.
CHARLES SPURGEON

TENHA A ALEGRIA DE DEUS

LEITURA BÍBLICA
ISAÍAS, 41:16-20

"A minha alma se alegrará no Senhor; alegrar-se-á na sua salvação."
Salmos, 35:9

A religião consiste em uma vida de acordo com os mandamentos divinos. Reconheça a divindade do Senhor, que Ele é o Deus do céu e da Terra, que todo o bem vem d'Ele e, obedeça aos Seus mandamentos. Uma pessoa tem afeição pela verdade se amar a verdade e se afastar da falsidade. Quer produzir frutos porque ama fazer o bem e ser útil. Toda a alegria celestial está nessas ações, e essa alegria divina provém de Deus e é eterna.

E. Swedenborg

ESCOLA DE AMOR

A prosperidade não é sinal do amor especial do céu, assim como a tristeza não é uma marca do desfavor de Deus. O amor de Deus é verdadeiro não só para nosso conforto, mas também para nossa bem-aventurança duradoura. Problemas vêm para nos instruir. Entre como aluno na escola do amor de Deus. Deixe de lado suas noções e receba as lições que possam ser dadas pela tristeza. Esteja seguro do inesgotável amor do Pai. Confie n'Ele de tal forma que toda a disciplina da vida será recebida com um sorriso que obrigará a tristeza a desaparecer para sempre.

F. B. Meyer

"Ensinaste-me, ó Deus, desde a minha mocidade; e até aqui tenho anunciado as tuas maravilhas."
Salmos, 71:17

LEITURA BÍBLICA
HEBREUS, 12:6-13

> Todo cristão que não estuda realmente a Bíblia todos os dias é um tolo. A oração triunfante é quase impossível quando há negligência no estudo da Palavra de Deus.
> R. A. TORREY

PAI CUIDADOSO

Deus é um Pai cuidadoso. Ele diz ao anjo: "Proteja o meu povo". Diz aos céus: "Derramai maná para alimentar o meu povo". Ele não está apenas atento às nossas necessidades, mas também aos nossos sentimentos. Ele gosta de nos ter como filhos, como povo feliz. Quer alegrar nossos corações. É um Pai que conforta aquele com os olhos cheios de lágrimas, o filho com o coração aflito, o pobre que se lamenta e pensa que está desamparado.

Charles Spurgeon

LEITURA BÍBLICA
SALMOS, 10

"Não temas, porque eu sou contigo; não te assombres, porque eu sou teu Deus."
Isaías, 41:10

16 NOV

O SENHOR É A PALAVRA

Se o seu interior espiritual for aberto e, assim, a comunicação com o céu e a conjunção com o Senhor concedidas, você será iluminado. Você é iluminado especialmente quando lê a Palavra, porque o Senhor está na Palavra, e a Palavra é a verdade divina. Receba o entendimento, enchendo-o com os conhecimentos da verdade e do bem. Assim, você passa a ter compreensão das verdades por meio da luz do céu, que não flui para aqueles que não foram purificados. E quando o entendimento é aperfeiçoado, as falsidades da religião e da ignorância e todas as falácias são dispersas.

E. Swedenborg

"Eis que tudo isto viram os meus olhos, e os meus ouvidos o ouviram e entenderam."
Jó, 13:1

LEITURA BÍBLICA
JOÃO, 17:19-26

" Se você buscar Jesus em todas as coisas, certamente O encontrará. E se você buscar a si mesmo, certamente encontrará a si mesmo, mas apenas para sua ruína. "
T. KEMPIS

A GLÓRIA DE SUA VIDA

Se você optou por seguir a Cristo, escolheu deliberadamente o Reino de Deus. Ao se concentrar em Deus, as coisas do espírito tomam forma diante de seus olhos. A obediência à palavra de Cristo trará uma revelação interior da Divindade e lhe dará uma percepção aguda que permitirá ver Deus, como foi prometido aos puros de coração. Você verá o brilho constante da luz cada vez mais. A presença de Deus será a glória e a maravilha de sua vida.

A. W. Tozer

LEITURA BÍBLICA
PROVÉRBIOS, 20

"Certamente farei de vós um nome e um louvor entre todos os povos da Terra."
Sofonias, 3:20

A FONTE DA ALEGRIA

18 NOV

"Bem-aventurada é a nação cujo Deus é o Senhor."
Salmos, 33:12

A felicidade é o que toda a humanidade deseja obter, é um desejo arraigado no coração humano. Ninguém naturalmente gosta de dor, tristeza e desconforto. A verdadeira felicidade não consiste em risos e sorrisos. Para ser verdadeiramente feliz, você deve ter fontes de alegria que não dependam de nada neste mundo, a busca de prazer e a diversão não podem proporcionar felicidade. Lembre-se das palavras de Jesus: "Aquele que beber da água que eu lhe der nunca terá sede". Quanto mais você fizer por Deus, mais Deus fará por você. Seguir a Jesus traz a verdadeira felicidade.

LEITURA BÍBLICA
SALMOS, 33

J. C. Ryle. In: Religião na prática.

 O maior inimigo das almas humanas é o espírito de justiça própria, que faz muitas pessoas olharem para si mesmas em busca de salvação.
CHARLES SPURGEON

DE ACORDO COM SUA FÉ

LEITURA BÍBLICA
MARCOS, 11:11-24

"Senhor: acrescenta-nos a fé."
Lucas, 17:5

As orações são ouvidas no céu de forma muito proporcional à sua fé. Uma fé pequena trará grandes coisas, mas uma grande fé trará abundância sem fim. Antigamente, era costume os pobres da paróquia pedirem mantimentos na vizinhança com uma tigela, e as pessoas generosas as enchiam sem se importar com o tamanho. A fé é a sua tigela. A grande fé é como fazer um grande negócio e conseguir milhões onde a pequena fé só consegue centavos. A grande fé se apodera do tesouro de Deus.

Charles Spurgeon

19 NOV

20 NOV

"Na tua presença há fartura de alegrias; à tua mão direita há delícias perpetuamente."
Salmos, 16:11

LEITURA BÍBLICA
SALMOS, 24

DEUS EXISTE

Se você percorrer o caminho e viver na presença do Deus, terá alegria. Se não se desviar nem para a direita nem para a esquerda, sua alegria será mais intensa, pois será participante da mesma plenitude de alegria em que o próprio Deus vive, se move e existe. Embora sua experiência tenha as provações da vida, terá o privilégio de esperar por coisas mais grandiosas que estão reservadas para você, quando aquele mundo superior for alcançado e as sombras do tempo tiverem desaparecido para sempre. "À Tua mão direita", exclama o salmista, "há prazeres para sempre".

William Hay Aitken

 Deus está lá na frente. Ele está nos amanhãs. É o amanhã que enche as pessoas de pavor. Deus já está lá. Todos os amanhãs de nossa vida têm de passar por Ele antes de chegarem a nós.
F. B. MEYER

FÉ REMOVE OBSTÁCULOS

LEITURA BÍBLICA
MATEUS, 15:21-28

"Por que sois tão tímidos? Ainda não tendes fé?"
Marcos, 4:40

A humildade e a fé estão bem próximas nas Escrituras. Cristo falou de uma grande fé: a do centurião, da qual Ele se maravilhou, dizendo: "Não encontrei fé tão grande, nem em Israel!", quando ouviu: "Não sou digno de que entres em minha casa". É a humildade que leva uma alma a ser nada diante de Deus, a qual remove todos os obstáculos à fé e faz que ela tema apenas não desonrá-Lo por não confiar n'Ele totalmente.

A. Murray. In: A beleza da santidade.

PUREZA DIVINA

A santidade só é possível por meio do recebimento de dons celestiais. Assim como cada folha que cresce é principalmente a água que a planta recebeu das nuvens e o carbono que ela retirou da atmosfera, certamente todo o nosso bem é extraído do céu. Da mesma forma que cada pedaço de carvão que você coloca no fogo contém raios de Sol que ficaram presos por milênios, desde que ele se tornou verde na floresta, cada boa ação certamente incorpora em si dádivas do alto. Ninguém é puro, pois toda dádiva e toda coisa perfeita vem do Pai das luzes.

Alexander McLaren

22 NOV

"Como é santo aquele que vos chamou, sede vós também santos em toda a vossa maneira de viver"
1 Pedro, 1:15

 **LEITURA BÍBLICA**
SALMOS, 96

 O plano de Deus é fazer muito do ser humano, muito mais dele do que de qualquer outra coisa. As pessoas são o método de Deus. A Igreja está procurando métodos melhores; Deus está procurando pessoas melhores.
EDWARD BOUNDS

TEMOS UM GRACIOSO DEUS

Essa expressão de um só comando contém um preceito de brilho cintilante, digno de ser escrito em ametistas e pérolas. Quando o deleite se torna uma regra, o dever certamente será um deleite. Quando Deus diz para você ser feliz, tenha essa palavra como uma ordem expressa. Não se recuse a ter alegrias ou se afaste da própria felicidade. Oh, que Deus nós temos, que tornou nosso dever sermos felizes! Que Deus gracioso, que quer que tenhamos um coração alegre.

Charles Spurgeon

 **LEITURA BÍBLICA**
JÓ, 22:19-30

"Deleita-te no Senhor, e te concederá os desejos do teu coração."
Salmos, 37:4

23 NOV

24 NOV

ENTREGUE-SE COM ALEGRIA

"A palavra de Cristo habite em vós abundantemente, com e cânticos espirituais, cantando ao Senhor com graça."
Colossenses, 3:16

 **LEITURA BÍBLICA**
SALMOS, 146

Lembre-se de que sua vida deve ser uma vida de cânticos. Este mundo é a grande catedral de Deus para você. Você deve ser um dos coristas de Deus, e deve haver um sacrifício eucarístico contínuo de louvor e ação de graças saindo de seu coração, com o qual Deus se agradará. Não ofereça apenas seus lábios, mas entregue sua vida com alegria, e não com constrangimento. Todas as faculdades de nossa natureza devem ser apresentadas a Ele em um serviço alegre, pois o Senhor é sua canção e também sua força.

William Hay Aitken

 A oração deve ser uma expressão tão natural da fé como a respiração é da vida.
JONATHAN EDWARDS

PARA DEUS NADA É IMPOSSÍVEL

 **LEITURA BÍBLICA**
HEBREUS, 4

"Buscai ao Senhor e a sua força; buscai a sua face continuamente."
Salmos, 105:4

Deus nunca vai impor a você um fardo mais pesado do que sabe que suas forças podem suportar. Ele não pediu a Pedro que fosse até Ele sobre as águas sem ter lhe dado a força para superar as ondas instáveis. Ele não pedirá que você tire água se o poço for muito fundo, ou que retire a pedra se for muito pesada. Mas Ele também não admitirá como impossibilidade aquilo que você, como agente livre, está em seu poder evitar. Confie em Deus e o mais Ele fará.

J. R. MacDuff

ACEITE OS TERMOS DE DEUS

26 NOV

A herança dos cristãos é a única que realmente vale a pena ter. Todas as outras são insatisfatórias e decepcionantes. Não podem curar um coração dolorido nem evitar problemas familiares. Mas não há decepção entre os "herdeiros de Deus", pois têm a única herança que pode ser mantida para sempre. Os proprietários de milhões não podem levar nada consigo além da sepultura. Mas não é assim com as promessas de Deus. A glória, a honra e a vida eterna são oferecidas gratuitamente se você estiver disposto a aceitá-las nos termos de Deus.

J. C. Ryle. In: *Religião na prática*.

"E Jesus disse-lhes: Aos homens é isso impossível, mas a Deus tudo é possível."
Mateus, 19:26

LEITURA BÍBLICA
MATEUS, 19:21-30

Imite a vida de Cristo e Seus caminhos se quiser ser verdadeiramente libertado das trevas. Que a coisa mais importante que você faça seja refletir sobre a vida de Jesus Cristo.

T. KEMPIS

PROCURE SOMENTE O BEM

Você verá que é menos fácil desarraigar as falhas por meio da aquisição de virtudes. Não pense em suas falhas, muito menos nas falhas dos outros. Procure o que é bom em cada pessoa que se aproximar de você, e suas falhas cairão como folhas secas. Lembre-se das palavras de Paulo a Tiago: "Não faleis mal uns dos outros. Quem fala mal de um irmão, e julga a seu irmão, fala mal da lei, e julga a lei; e, se tu julgas a lei, já não és observador da lei, mas juiz".

John Ruskin

LEITURA BÍBLICA
TIAGO, 4:5-17

"Não nos gloriaremos fora da medida, mas conforme a reta medida que Deus nos deu, para chegarmos até vós."
2 Coríntios, 10:13

27 NOV

28 NOV

"Se nós nos julgássemos a nós mesmos, não seríamos julgados."
1 Coríntios, 11:31

 **LEITURA BÍBLICA**
1 CORÍNTIOS, 6:1-12

AMOR INFINITO

Julgamos as ações de nossos semelhantes de acordo com o que temos em nosso coração. Se a palavra de Deus for o único objeto, não nos perturbaremos sequer com as opiniões contrárias. Muitos parecem continuar em paz quando as coisas são feitas segundo seus padrões de comportamento, mas se as coisas forem contrárias, logo ficam incomodados. Se você confiar mais em Jesus Cristo do que na própria razão ou na sua virtude, raramente julgará outras pessoas, e será iluminado, pois Deus quer que nos submetamos perfeitamente a Ele, e que transcendamos toda a razão por meio do amor infinito.

T. Kempis

 "Uma nuvem escura não é sinal de que o Sol tenha perdido sua luz; e convicções negras não são argumentos de que Deus tenha deixado de lado Sua misericórdia."
CHARLES SPURGEON

HONRE A PALAVRA DE DEUS

LEITURA BÍBLICA
2 SAMUEL, 22:21-29

"O mandamento é lâmpada, e a lei é luz."
Provérbios, 6:23

Se a Palavra de Deus tiver lugar de honra em seu coração, ela resolverá questões difíceis. Quando você tiver o padrão divino de certo e errado, passa a compreender que uma classe de ações é correta, é justa, é necessária para todos os que querem fazer da vontade de Deus. Ninguém que professa respeitar a Palavra de Deus pode se recusar a fazer o que é decididamente certo nem se recusar a evitar o que é decididamente errado. Ela é uma lâmpada para você caminhar na escuridão.

W. K. Tweedie

29 NOV

RECEBA A LUZ DE DEUS E FLORESÇA

30 NOV

> "E temos, mui firme, a palavra dos profetas, como a uma luz que alumia até que o dia amanheça, e a estrela da alva apareça em vossos corações."
>
> *2 Pedro, 1:19*

Quando uma pessoa é admitida no céu pela abertura de seu interior e recebe luz dele, as mesmas afeições que os anjos do céu têm, com seus prazeres e delícias, são comunicadas a ela. A primeira afeição então concedida é uma afeição pela verdade; a segunda é uma afeição pelo bem; e a terceira é uma afeição por produzir frutos. Pois, quando você é admitido no céu e em sua luz e calor, você será como uma árvore que cresce desde que era semente. Seu primeiro brotamento vem da iluminação; seu florescimento antes do fruto vem da afeição pela verdade; a produção de frutos que se segue vem da afeição pelo bem; a multiplicação de si mesmo novamente em árvores vem da afeição por produzir frutos. O calor do céu, que é o amor, e a luz do céu, que é a compreensão da verdade desse amor, produzirão em você coisas semelhantes às que o calor de Deus e Sua luz produzem em todos os seres vivos.

Emanuel Swedenborg

PENSAMENTO DO DIA

Ser cristão significa conhecer a presença de um verdadeiro Cristo em seu coração e segui-lo.

Phillips Brooks

REFLEXÕES

LEITURA BÍBLICA
APOCALIPSE, 22:14-21

"E o anjo lhes disse: Não temais, porque eis aqui vos trago novas de grande alegria, que será para todo o povo. Pois, na cidade de Davi, vos nasceu hoje o Salvador, que é Cristo, o Senhor."

Lucas, 2:10-11

01 DEZ

> "Torna a dar-me a alegria da tua salvação."
> *Salmos, 51:12*

AGARRE-SE A JESUS

Algumas pessoas pensam: "E se eu procurar a Cristo e Ele me recusar?". A resposta é simples: "Experimente. Lance-se sobre o Senhor Jesus e veja se Ele o recusa". Você verá que Ele jamais fechará a porta até que você chegue a ela. Jesus é aquele de quem disseram: "Este homem recebe pecadores".

Há uma história sobre o homem que se perdeu uma noite e chegou à beira de um precipício, e em sua apreensão caiu no penhasco. Ele se agarrou a uns galhos e ficou pendurado com toda a sua força. Ele estava convencido de que, se desistisse de se segurar, seria despedaçado em algumas rochas terríveis que o aguardavam lá embaixo. Mas ele entrou em um estado desesperado e, por fim, suas mãos não conseguiram mais segurar seu corpo. Ele caiu de seu apoio cerca de 30 centímetros em um banco macio e musgoso, onde ficou deitado, perfeitamente seguro até o amanhecer.

Assim, na escuridão da ignorância, muitos pensam que a destruição certa os aguarda se confessarem seus pecados e se entregarem nas mãos de Deus. Abandone tudo o que estiver ao seu alcance, exceto Cristo, e caia agora! O terreno que o receberá será suave e seguro. Jesus Cristo, em seu amor, em sua perfeita justiça, lhe dará descanso e paz imediatos. Caia nos braços de Jesus. Essa é a parte principal da fé. Abra mão de todas as outras seguranças e simplesmente caia sobre Cristo. Não há motivo para medo. Ele será sua segurança eterna. Deixe o ego morrer, para que Cristo viva em você.

Charles Spurgeon

PENSAMENTO DO DIA

Não há nada que Deus não faça por uma pessoa que se atreve a pisar no que parece ser a névoa; embora, ao colocar o pé no chão, encontre uma rocha embaixo dele. Não há fardo para o espírito que não seja mais leve quando você se ajoelha sob ele. Orar não significa estar sempre falando com Deus, mas esperar diante Dele até que a poeira assente e a correnteza fique clara.

F. B. Meyer

REFLEXÕES

_____
_____
_____
_____
_____
_____

LEITURA BÍBLICA
EZEQUIEL, 36:23-31

ACEITE AS VERDADES DE DEUS

02 DEZ

As boas novas de grande alegria são "para todos os povos". E sabemos que essa mensagem cai em nossos ouvidos e serve para acalentar nossas almas. Leve todas as verdades de Deus primeiro para seu coração. Peça em uma oração sincera que o Espírito as escreva com a caneta do céu em sua consciência. Você será um vaso adequado para o uso do Mestre e levará a mensagem d'Ele com poder espiritual às almas dos outros.

F. Whitfield

"E o anjo lhes disse: Não temais, porque eis aqui vos trago novas de grande alegria, que será para todo o povo."
Lucas, 2:10

LEITURA BÍBLICA
MATEUS, 13:1-32

 O amor não sente nenhum fardo, mas tenta o que está acima de suas forças, não alega desculpas de impossibilidade, pois considera todas as coisas possíveis.
T. KEMPIS

ACORDE ORANDO

A manhã é a porta do dia, e deve ser bem guardada com oração, com devoção. Se sentíssemos mais a majestade da vida, teríamos mais cuidado com as manhãs. Aquele que se apressa da sua cama para os seus afazeres e não espera para adorar é tão insensato como se tivesse corrido para a batalha sem armas ou armadura. Que você possa se banhar no rio que flui suavemente da comunhão com Deus, antes que o peso do caminho comece a lhe oprimir.

C. Spurgeon

LEITURA BÍBLICA
SALMOS, 5

"Pela manhã ouvirás a minha voz, ó Senhor; pela manhã apresentarei a ti a minha oração."
Salmos, 5:3

03 DEZ

04 DEZ

"Deus dá graça aos humildes."
Tiago, 4:6

LEITURA BÍBLICA
TIAGO, 3:1-12

CONFIANÇA

Deus é grande e muito digno. Está sentado em um trono alto e elevado. Embora o céu seja a Sua morada, Ele habita no coração humilde e contrito das pessoas sem nenhum sacrifício. Ele ama o espírito quebrantado, a alma grata e crente que deposita uma confiança inabalável na obra e na justiça do Grande Criador. Desamparado, sem esperança, sem amigos, sem recursos, lance-se sobre Ele, que é o ajudador dos desamparados e o amigo dos que não têm amigos. Permita que Ele traga Sua misericórdia e o torne capaz de O seguir como seu modelo de amor. Viva como herdeiro legítimo de Sua herança e desfrute de uma vida celestial.

J. R. MacDuff

 Se quisermos de fato conhecer Deus numa intimidade crescente, temos de percorrer o caminho da renúncia.
A. W. TOZER

05 DEZ

LEITURA BÍBLICA
SALMOS, 20

"Abres a tua mão, e fartas os desejos de todos os viventes."
Salmos, 145:16

DEUS SATISFAZ SEUS DESEJOS

Desejo é ansiar por desfrutar de algo. Deus já faz muito ao satisfazer a necessidade, a carência, mas Ele faz mais do que isso, pois Seu amor é movido para conceder todos os seus desejos. O dever pode às vezes cuidar das pessoas atendendo às necessidades delas, mas satisfazer o desejo depende de uma terna vigilância, um doce e gracioso conhecimento sobre você, uma ânsia de abençoar. Deus nunca estará satisfeito enquanto não satisfizer seus desejos.

M. G. Pearse

06 DEZ

A LUZ DE DEUS ESTÁ COM VOCÊ

O que significa a presença divina na experiência cristã? Simplesmente que Deus está com você, bem aqui. Onde quer que você esteja, Deus está ao seu lado. Não há lugar onde Ele não esteja. A revelação de Deus não vem de longe. Por isso, quando orar: "Aproxime-se, Senhor bendito", você não pensará sobre a proximidade do lugar, mas na proximidade da relação. Ninguém está mais perto de você do que Ele. Se andar em obediência amorosa, a manifestação de Deus em sua vida será um diferencial, porque Sua luz iluminará sua face, e você ficará encantado com o que Deus pode fazer.

A. W. Tozer

"O Senhor meu Deus iluminará as minhas trevas."
Salmos, 18:28

LEITURA BÍBLICA
1 CRÔNICAS, 16:8-27

 Seu rosto reflete todos os dias sua oração matinal, é seu olhar para janelas que se abrem para o céu.
J. PARKER

DÊ O MELHOR PARA DEUS

A oração que faz um ministério de oração não é um pouco de ato de orar quando colocamos o sabor para dar um toque agradável, mas a oração deve estar no corpo e formar o sangue e os ossos. A oração não é um dever insignificante, colocado em um canto; não é um desempenho fragmentado feito com os fragmentos de tempo que foram arrancados dos negócios e de outros compromissos da vida; mas significa que deve ser dado o melhor de nosso tempo, do coração e de nossa força.

Edward Bounds

LEITURA BÍBLICA
2 CORÍNTIOS, 1:12-24

"O Senhor é a minha força e o meu escudo; nele confiou o meu coração, e fui socorrido; com o meu canto o louvarei."
Salmos, 28:7

07 DEZ

08 DEZ

ESTEJA JUNTO A DEUS

"Ele exalta o poder do seu povo, o louvor de todos os seus santos, um povo que lhe é chegado. Louvai ao Senhor."
Salmos, 148:14

LEITURA BÍBLICA
SALMOS, 148

O Senhor põe um selo sobre os Seus, para que todos os conheçam. O selo, no vosso caso, é o Espírito que produz em vós a semelhança com o Senhor. Quanto mais santificado você se tornar, o selo é mais distinto e claro, mais evidente para todos os que o veem. Então, as pessoas tomarão conhecimento de que você esteve com Jesus.

Andrew Bonar

 Sua ousadia para com Deus perante o mundo deve ser sempre o resultado de um relacionamento individual com Ele. Suas vitórias são sempre originadas pelo poder de Deus.
F. WHITFIELD

O SENHOR FAZ O SEU POVO FELIZ

LEITURA BÍBLICA
MATEUS, 7:21-27

"Não temais, ó pequeno rebanho, porque a vosso Pai agradou dar-vos o reino."
Lucas, 12:32

O reino, como diz Jesus, é tão certo quanto o amor eterno e o poder para aplacar temores. Nada é capaz de enfraquecer ou prejudicar essa segura promessa. O Senhor certamente se agradará de tornar feliz o rebanho. Deixe que a melodia do chamado do Pastor caia suavemente em seus ouvidos: "Procurarei as minhas ovelhas e libertá-las-ei de todos os lugares por onde andaram dispersas durante o dia nublado e escuro".

J. R. Macduff. In: Palavras de Jesus.

09 DEZ

O SENHOR NOS FORTALECE

10 DEZ

Jesus disse que ao encontrar o seu servo fiel, seu senhor o fará sentar-se à mesa, e o servirá. A recompensa divina envolve uma grandeza real, é a justiça. O Senhor nos fortalece para enfrentarmos as dificuldades vindouras e nos tornarmos cooperadores na vinha de Seu pai. A recompensa de Deus está encerrada em todas as boas ações: o praticante do bem torna-se melhor e mais humilde, e aproxima-se do coração de Deus. Estando mais próximo d'Ele, recebe Sua bem-aventurança e herda o reino do céu.

G. MacDonald. In: A esperança do Evangelho.

> "Sede firmes e constantes, sempre abundantes na obra do Senhor, sabendo que o vosso trabalho não é vão no Senhor."
> 1 Coríntios, 15:58

LEITURA BÍBLICA
DEUTERONÔMIO, 4:29-40

 Devoções curtas são a ruína da piedade profunda. A calma, a firmeza e a força nunca são companheiras da pressa.
EDWARD BOUNDS

CONHEÇA O BRILHO DE DEUS

LEITURA BÍBLICA
2 CORÍNTIOS, 4

Não descanse enquanto não conhecer o pleno e ininterrupto brilho de Deus no seu coração. Para isso, ceda a toda agitação que te mostre algum mal inconquistado e talvez inconquistável. Venha para a luz, deixe que a luz brilhe sobre seu coração. Espere no Senhor, pois "o caminho dos justos é como a luz que brilha, brilhando mais e mais até o dia perfeito". Deus quer encher a sua vida com a luz da Sua glória.

Andrew Murray

> "Deus é quem resplandeceu em nossos corações, para iluminação do conhecimento da glória."
> 2 Coríntios, 4:6

11 DEZ

12 DEZ

"Pede-me, e eu te darei os fins da terra por tua possessão."
Salmos, 2:8

 **LEITURA BÍBLICA**
SALMOS, 91

A SUA HERANÇA

Após a batalha, há paz. Depois do trabalho, há descanso. Depois da dor, vem o prazer. Este mundo não é seu lugar de paz. Enquanto você viver na Terra, terá inimigos internos e externos continuamente se organizando contra você. Muitas vezes, deixa de ser fiel a seu Deus, afasta-se da prática de sua religião. Os prazeres mundanos o seduzem, o intoxicam. Mas, bendito seja Deus, Ele perdoa e volta a dar um lugar onde crescem pastagens celestiais e os rios da vida fluem suavemente, onde a infidelidade é banida para sempre. Que Deus o ajude a entrar nesse descanso e a obter Sua herança.

A. H. Newton

 Deus não enche com Seu Espírito Santo só aqueles que creem na plenitude do Espírito, ou aqueles que O desejam, mas também aqueles que O obedecem.
F. B. MEYER

O SENHOR CONTINUA COM VOCÊ

 **LEITURA BÍBLICA**
SALMOS, 55

"Eis que eu estou convosco todos os dias, até a consumação dos séculos."
Mateus, 28:20

Nos dias de inverno, quando as alegrias se esvaem, nos dias sem Sol, quando as nuvens preenchem o céu, nos dias de doença e dor, nos de tentação e perplexidade, bem como nos dias em que o coração está tão cheio de alegria quanto os bosques na primavera estão cheios de cânticos, nunca chega o dia em que o Senhor Jesus deixa de estar ao seu lado. Os amigos podem estar distantes, mas Ele caminha com você e permanece. Você nunca andará sozinho.

F. B. Meyer

13 DEZ

O VENCEDOR FINAL

Jesus estava tão convencido de que somente o amor era a principal lei da vida, que baseou Sua missão totalmente nessa convicção. Ele estava ciente das consequências para sua reputação quando se tornou amigo de pecadores. Ele ignorou as críticas para que pudesse elevar com Seu amor aqueles que mais precisavam d'Ele. Para Jesus, o único reino permanente pertence aos mansos. Aquele que sofre injustiça com paciência é o vencedor final. Há um poder irresistível no amor e na mansidão. O amor a todos modifica, é a única lei pela qual vale a pena viver.

W. J. Dawson. In: O império de amor.

14 DEZ

"Todos os que são guiados pelo Espírito de Deus são filhos de Deus."
Romanos, 8:14

LEITURA BÍBLICA
ROMANOS, 8:1-14

> O caminho para um conhecimento mais profundo de Deus passa pelo vale solitário da abnegação de todas as coisas.
>
> A. W. TOZER

TENHA UM CORAÇÃO GENTIL

Um coração que ora deve ser um coração que ama. Somente um coração que tenha sido suficientemente humilhado para que seja um coração suplicante pode experimentar o mais profundo amor de Deus, que está em Cristo Jesus. Um coração que carrega o amor de Deus, unindo-se a Cristo e ao Espírito Santo, será também um coração terno, gentil, bondoso, atencioso e perdoador. Um coração duro e sem perdão não pode orar e ser ouvido.

A. E. Reinschmidt

LEITURA BÍBLICA
SALMOS, 57

"Diz o Espírito Santo: Se ouvirdes hoje a sua voz, não endureçais os vossos corações."
Hebreus, 3:7-8

15 DEZ

16 DEZ

"Então verão vir o Filho do homem numa nuvem, com poder e grande glória."
Lucas, 21:27

LEITURA BÍBLICA
LUCAS, 21:25-28

ESTAREMOS NA GLÓRIA

Que o Senhor derrame mais abundantemente o Espírito Santo, para que desejemos com mais fervor o dia que Ele virá para ser glorificado. E que direcione todos os nossos corações no amor de Deus e na espera paciente de Cristo, para que, se estivermos vivos e permanecermos na Sua palavra, sejamos arrebatados para nos juntarmos aos santos que virão com Jesus nas nuvens, e assim estaremos sempre com Ele em Sua glória.

Anthony Norris Groves. In: Devoção cristã.

 "Vários são os apelos e argumentos que pessoas de mentes corruptas frequentemente usam contra a obediência aos justos e santos mandamentos de Deus."
GEORGE WHITEFIELD

LEITURA BÍBLICA
ÊXODO, 34:1-14

"Está escrito: 'Adore o Senhor, o seu Deus, e só a ele preste culto.'"
Lucas, 4:8

A ATENÇÃO DEVE SER PARA DEUS

Muitas pessoas não conseguem distinguir entre Deus e o instrumento que Deus usa para cumprir Seus propósitos. Cultuam o indivíduo, em vez de Deus. A velha criatura quer ser admirada, mas não aceite adulação. Você não pode impedir as pessoas de serem assim, mas pode evitar que elas o coloquem em um pedestal. Assim, possibilita que elas prestem culto a Jesus, que estava usando você. O crédito e a glória devem ser de Deus.

D. L. Moody

DEUS É SEU REDENTOR

18 DEZ

O fundamento de nossa fé em Jesus é invisível. Ele é a torre que ergue sua forma alta entre as ondas sobre as quais lança uma luz salvadora. Ela repousa sobre as ondas ondulantes, mas, abaixo delas, invisível e imóvel está a rocha sólida sobre a qual ela se mantém segura. Se um furacão surgir você pode dormir tranquilamente naquela torre solitária no mar, pois está fundada em uma rocha que não pode ser movida. Quem confia em Deus está preparado para o dia em que soará a trombeta do último dia, pois "O Senhor redime a alma de Seus servos, e nenhum dos que n'Ele confiam ficará desolado".

Guthrie

"Bem-aventurados os que não viram e creram."
João, 20:29

LEITURA BÍBLICA
ISAÍAS, 26:1-12

 Todas as nossas ações, bem como nossos pensamentos e palavras, devem louvar Aquele que sempre nos abençoa.
CHARLES SPURGEON

A VIRTUDE CRISTÃ

Nunca diga que você não está bem com Deus porque gosta mais de umas pessoas do que de outras! Você pode não gostar da maneira como algumas pessoas se comportam. É fácil amar aqueles que são mais amigáveis, ao passo que outros nos desagradam. No Livro aos Hebreus, Paulo apelou aos cristãos para nunca deixarem de amar uns aos outros. É possível amar as pessoas por causa de Jesus, mesmo que você não goste de seus perfis grosseiros. Esse tipo de amor é, de fato, uma virtude cristã!

A. W. Tozer

LEITURA BÍBLICA
1 JOÃO, 3:11-24

"Amem uns aos outros, assim como eu amei."
João, 15:12

19 DEZ

20 DEZ

"Se vós me conhecêsseis a mim, também conheceríeis a meu Pai."
João, 14:7

LEITURA BÍBLICA
SALMOS, 28

CONTATO COM DEUS

O apóstolo Filipe pediu a Jesus para mostrar o Pai, e a resposta foi: "Quem me vê a mim vê o Pai". O anseio do coração é conhecer a Deus. Pessoas se perguntam como podem ter certeza de que Ele existe. O Mestre deu a única resposta satisfatória que já foi dada aos ouvidos da humanidade, quando disse: "O conhecimento de Deus deve ser transmitido, não em palavras ou livros, em símbolos ou tipos, mas em uma vida. Conhecer-Me, acreditar em Mim, entrar em contato Comigo, é conhecer o coração mais profundo de Deus". Se você já teve uma experiência com Cristo, então conheceu o Pai.

F. B. Meyer. In: Amor até o fim.

 "Porque foi do agrado de Deus, depois de ter feito todas as coisas pela palavra do seu poder, criar o ser humano à sua imagem."
GEORGE WHITEFIELD

LEITURA BÍBLICA
ROMANOS, 4: 16-25

"Segundo a sua promessa, aguardamos novos céus e nova terra, em que habita a justiça."
2 Pedro, 3:13

DEUS CUMPRE SUAS PROMESSAS

As promessas de Deus foram feitas para serem cumpridas. Nada agrada mais ao Senhor do que ver Suas promessas sendo colocadas à prova. Ele adora ver Seus filhos levarem-nas até Ele e dizerem: "Senhor, faça como Tu disseste!". Não pense que Deus ficará perturbado com o fato de você cobrar que Ele cumpra Suas promessas. Ele está mais pronto para ouvir do que você para pedir, assim como o Sol não se cansa de brilhar nem a fonte de fluir.

Charles Spurgeon

21 DEZ

SUA VIDA SERÁ DOCE

Estar em um estado de verdadeira graça é ser feliz aqui mesmo na Terra. Uma alma nesse estado é uma alma próxima e querida por Deus, muito amada e muito valorizada por Ele. O conhecimento de si mesmo de estar em tal estado é o que torna sua vida doce, que lhe dará um céu no futuro, mas também lhe dá um céu agora. Isso o torna duplamente abençoado, pois será assim no céu, mas aqui é abençoado em sua consciência. Ser feliz é ter sua alma adornada com graça e a certeza de que viverá eternamente no céu.

T. Brooks

22 DEZ

"Sabemos que, se a nossa casa terrestre deste tabernáculo se desfizer, temos de Deus um edifício, uma casa não feita por mãos, eterna, nos céus."
2 Coríntios, 5:1

LEITURA BÍBLICA
ISAÍAS, 65:17-25

 Não pense que a humildade é fraqueza; ela fornecerá a medula da força para seus ossos. Abaixe-se e conquiste; curve-se e torne-se invencível.
CHARLES SPURGEON

VIVA E ANDE NO ESPÍRITO

O coração do cristão deve ser sempre acompanhado de uma vida santa. Todos os seus hábitos devem se transformar em atos segundo os frutos do Espírito, acompanhados de movimentos graciosos. É assim com os hábitos espirituais, como acontece com os hábitos naturais, quanto mais eles são exercitados, mais eles se fortalecem. Onde houver as sementes da santidade, haverá os frutos da santidade.

T. Brooks

LEITURA BÍBLICA
SALMOS, 147

"O fruto do Espírito é: amor, gozo, paz, longanimidade, benignidade, bondade, fé, mansidão, temperança."
Gálatas, 5:22

23 DEZ

24 DEZ

O VERDADEIRO NATAL!

"Disse-lhe, então, o anjo: Maria, não temas, porque achaste graça diante de Deus. E eis que em teu ventre conceberás e darás à luz um filho, e pôr-lhe-ás o nome de Jesus. Este será grande, e será chamado filho do Altíssimo. E disse Maria ao anjo: 'Como se fará isto, visto que não conheço homem algum?' E, respondendo o anjo, disse-lhe: 'Descerá sobre ti o Espírito Santo, e a virtude do Altíssimo te cobrirá com a sua sombra; por isso também o Santo, que de ti há de nascer, será chamado Filho de Deus.'"

Lucas, 1:30-35.

"O Senhor vos dará um sinal: Eis que a virgem conceberá, e dará à luz um filho, e chamará o seu nome Emanuel."
Isaías, 7:14

LEITURA BÍBLICA
LUCAS, 19:35-48

Não olhe para baixo, remoendo sua fraqueza! Não olhe para trás, para o seu passado, repleto de fracassos! Olhe para cima, para o Cristo vivo!

F. B. MEYER

LUZ PARA AS NAÇÕES

O outro texto: "Havia em Jerusalém um homem cujo nome era Simeão; justo e temente a Deus; e o Espírito Santo estava sobre ele. E fora-lhe revelado, pelo Espírito Santo, que ele não morreria antes de ter visto o Cristo do Senhor. E quando os pais trouxeram o menino Jesus, para com Ele procederem segundo o uso da lei, ele, então, o tomou em seus braços, e louvou a Deus, e disse: 'Agora, Senhor, despedes em paz o teu servo, segundo a tua palavra. Pois já os meus olhos viram a tua salvação. A qual tu preparaste perante a face de todos os povos. Luz para iluminar as nações.'"

Lucas, 2:25-32

LEITURA BÍBLICA
MARCOS, 1:25-45

"Glória a Deus nas alturas, Paz na terra, boa vontade para com os homens."
Lucas, 2:14

25 DEZ

A VIDA CELESTIAL ESPERA POR VOCÊ

Você será recompensado não apenas pelo trabalho realizado, mas também pelos fardos suportados. Certamente, as recompensas mais brilhantes serão para aqueles que suportaram os fardos sem reclamar. Naquele dia, Deus pegará o lírio, que há tanto tempo cresce entre espinhos, e o elevará para ser a glória e a maravilha de todo o Universo, e a fragrância desse lírio atrairá louvores de todas as hostes do céu.

Andrew Bonar

26 DEZ

"Eis que cedo venho, e o meu galardão está comigo, para dar a cada um segundo a sua obra."
Apocalipse, 22:12

LEITURA BÍBLICA
APOCALIPSE, 22:1-11

Suas orações precisam bater à porta do céu e esperar pela resposta, porque Deus prometeu responder a elas.
EDWARD BOUNDS

ORE COM O CORAÇÃO

Faça uma oração que saia das profundezas do coração, suplicando a Deus uma força tão viva que não haja impedimento. Ainda que suas palavras sejam compostas de frases desconexas, se seus desejos forem sinceros, se forem como brasas queimando, Deus não se importará com a forma como você se expressa. Se você não tiver palavras, talvez ore melhor sem elas, pois há orações com a intenção do pensamento, que a linguagem não consegue pronunciar.

Charles Spurgeon

LEITURA BÍBLICA
1 SAMUEL, 1:9-15

"Vai em paz; e Deus te conceda a petição que lhe fizeste."
1 Samuel, 1:17

27 DEZ

28 DEZ

VIVA A PALAVRA

"Sede cumpridores da palavra, e não somente ouvintes."
Tiago, 1:22

LEITURA BÍBLICA
TIAGO, 1:22-27

A religião pode ser aprendida no domingo, mas deve ser vivida no trabalho cotidiano. A tocha da religião pode ser acesa na igreja, mas ela queima na loja, no escritório e na rua. A religião busca sua vida na oração, mas vive sua vida em atos. Ela é plantada no armário, mas cresce no mundo, prepara-se para voar em canções de louvor, mas seus voos reais são em atos de amor. Ele decide e medita sobre a fidelidade ao ler sua lição cristã no Livro da Verdade, mas fiel é aquele que faz o que é certo, luta pelo certo, pelo nobre e pelo bem em todas as atividades da existência prática.

John Doughty

 " É notável que, no livro da vida, encontremos alguns de quase todos os tipos de ocupações, que, apesar disso, serviram a Deus em suas respectivas gerações e brilharam como muitas luzes no mundo. "
GEORGE WHITEFIELD

DÊ GLÓRIA A DEUS

LEITURA BÍBLICA
SALMOS, 92

"Bom é louvar ao Senhor, e cantar louvores ao teu nome, ó Altíssimo."
Salmos, 92:1

Os anjos estiveram presentes em ocasiões importantes e se uniram em um coro solene para louvar o Criador. Assim como eles, cante canções solenes para o Grande Criador. Bênção e honra, e glória, e majestade, e poder, e domínio, e força, sejam para Aquele que está sentado no trono! Assim como, quando você foi criado, seu primeiro sopro foi uma canção, cante: "Glória a Deus nas alturas", e seu louvor chegará a Ele, que retribuirá com Sua divindade.

Charles Spurgeon

29 DEZ

DEUS AJUDARÁ VOCÊ

30 DEZ

Os japoneses costumam contar a história que um rei, preocupado com o bem-estar de seu povo, colocava um tambor no portão do palácio para quem tivesse algum erro a ser reparado ou necessidade bater, e seria concedido alívio. Essa graça é concedida a nós pelo Rei dos Céus, e Sua ajuda é concedida a todos os que se dirigem a Ele, quando a oração dá lugar ao louvor. Seus súditos se regozijam no Senhor para sempre.

Mark Guy Pearse

"Guiar-me-ás com o teu conselho, e depois me receberás na glória."
Salmos, 73:24

LEITURA BÍBLICA
SALMOS, 88

 A fé salvadora é uma relação imediata com Cristo, aceitando, recebendo, descansando somente n'Ele, para justificação, santificação e vida eterna em virtude da graça de Deus.
CHARLES SPURGEON

HABITAR COM DEUS

O dever, a necessidade, uma série de coisas nos levam para outro lugar, mas o coração nos leva para casa. Bem-aventurado é aquele cujos pensamentos se dirigem a Deus, não porque são levados como a embarcação de um pescador varrida pela fúria da tempestade, ou porque são forçados pela necessidade ou pelo medo, conduzidos pela mão do dever, mas porque Deus está em sua habitação e em seu lar. Em Deus você encontra o amor que o acolhe. Lá está o lugar ensolarado. Lá está a alegre liberdade, a feliz calma, o descanso e a renovação de suas forças, no lar com Deus.

Mark Guy Pearse

LEITURA BÍBLICA
FILIPENSES, 3:10-21

"Não se turbe o vosso coração; credes em Deus, crede também em mim."
João, 14:1

31 DEZ

LISTA TEMÁTICA

AMOR

E Jesus disse-lhe: Amarás o Senhor teu Deus de todo o teu coração, e de toda a tua alma, e de todo o teu pensamento.

Este é o primeiro e grande mandamento.

E o segundo, semelhante a este, é: Amarás o teu próximo como a ti mesmo.

Destes dois mandamentos dependem toda a lei e os profetas.

Mateus, 22:37-40

E nós conhecemos, e cremos no amor que Deus nos tem. Deus é amor; e quem está em amor está em Deus, e Deus nele.

Nisto é perfeito o amor para conosco, para que no dia do juízo tenhamos confiança; porque, qual ele é, somos nós também neste mundo.

No amor não há temor, antes o perfeito amor lança fora o temor; porque o temor tem consigo a pena, e o que teme não é perfeito em amor.

1 João, 4:16-18

BOAS AÇÕES

Porque, quando ainda estávamos convosco, vos mandamos isto, que, se alguém não quiser trabalhar, não coma também.

Porquanto ouvimos que alguns entre vós andam desordenadamente, não trabalhando, antes fazendo coisas vãs.

A esses tais, porém, mandamos, e exortamos por nosso Senhor Jesus Cristo, que, trabalhando com sossego, comam o seu próprio pão.

E vós, irmãos, não vos canseis de fazer o bem.

2 Tessalonicenses, 3:10-13

CONFORTO

E ouvi uma grande voz do céu, que dizia: Eis aqui o tabernáculo de Deus com os homens, pois com eles habitará, e eles serão o seu povo, e o mesmo Deus estará com eles, e será o seu Deus.

E Deus limpará de seus olhos toda a lágrima; e não haverá mais morte, nem pranto, nem clamor, nem dor; porque já as primeiras coisas são passadas.

E o que estava assentado sobre o trono disse: Eis que faço novas todas as coisas. E disse-me: Escreve; porque estas palavras são verdadeiras e fiéis.

Apocalipse, 21:3-5

O espírito do Senhor DEUS está sobre mim; porque o SENHOR me ungiu, para pregar boas novas aos mansos; enviou-me a restaurar os contritos de coração, a proclamar liberdade aos cativos, e a abertura de prisão aos presos;

A apregoar o ano aceitável do Senhor e o dia da vingança do nosso Deus; a consolar todos os tristes;

A ordenar acerca dos tristes de Sião que se lhes dê glória em vez de cinza, óleo de gozo em vez de tristeza, vestes de louvor em vez de espírito angustiado; a fim de que se chamem árvores de justiça, plantações do Senhor, para que ele seja glorificado.

Isaías, 61:1-3

DOMÍNIO PRÓPRIO

E vós também, pondo nisto mesmo toda a diligência, acrescentai à vossa fé a virtude, e à virtude a ciência,

E à ciência a temperança, e à temperança a paciência, e à paciência a piedade,

E à piedade o amor fraternal, e ao amor fraternal a caridade.

2 Pedro, 1:5-7

ENCORAJAMENTO

Temos, porém, este tesouro em vasos de barro, para que a excelência do poder seja de Deus, e não de nós.

Em tudo somos atribulados, mas não angustiados; perplexos, mas não desanimados.

Perseguidos, mas não desamparados; abatidos, mas não destruídos;

Trazendo sempre por toda a parte a mortificação do Senhor Jesus no nosso corpo, para que a vida de Jesus se manifeste também nos nossos corpos;

E assim nós, que vivemos, estamos sempre entregues à morte por amor de Jesus, para que

LISTA TEMÁTICA

a vida de Jesus se manifeste também na nossa carne mortal.

2 Coríntios, 4:7-11

FORÇA

Temos, porém, este tesouro em vasos de barro, para que a excelência do poder seja de Deus, e não de nós.

Em tudo somos atribulados, mas não angustiados; perplexos, mas não desanimados.

Perseguidos, mas não desamparados; abatidos, mas não destruídos;

Trazendo sempre por toda a parte a mortificação do Senhor Jesus no nosso corpo, para que a vida de Jesus se manifeste também nos nossos corpos;

E assim nós, que vivemos, estamos sempre entregues à morte por amor de Jesus, para que a vida de Jesus se manifeste também na nossa carne mortal.

2 Coríntios, 4:7-11

GRATIDÃO

Porque, se alguém me contristou, não me contristou a mim senão em parte, para vos não sobrecarregar a vós todos.

Basta-lhe ao tal esta repreensão feita por muitos.

De maneira que pelo contrário deveis antes perdoar-lhe e consolá-lo, para que o tal não seja de modo algum devorado de demasiada tristeza.

Por isso vos rogo que confirmeis para com ele o vosso amor.

2 Coríntios, 2:5-8

LIVRAMENTO

E tudo quanto pedirdes em meu nome eu o farei, para que o Pai seja glorificado no Filho.

Se pedirdes alguma coisa em meu nome, eu o farei.

Se me amais, guardai os meus mandamentos.

E eu rogarei ao Pai, e ele vos dará outro Consolador, para que fique convosco para sempre;

João, 14:13-16

MOTIVAÇÃO

Não sabeis vós que os que correm no estádio, todos, na verdade, correm, mas um só leva o prêmio? Correi de tal maneira que o alcanceis.

E todo aquele que luta de tudo se abstém; eles o fazem para alcançar uma coroa corruptível; nós, porém, uma incorruptível.

Pois eu assim corro, não como a coisa incerta; assim combato, não como batendo no ar.

Antes subjugo o meu corpo, e o reduzo à servidão, para que, pregando aos outros, eu mesmo não venha de alguma maneira a ficar reprovado.

1 Coríntios, 9:24-27

PERDÃO

Porque, se alguém me contristou, não me contristou a mim senão em parte, para vos não sobrecarregar a vós todos.

Basta-lhe ao tal esta repreensão feita por muitos.

De maneira que pelo contrário deveis antes perdoar-lhe e consolá-lo, para que o tal não seja de modo algum devorado de demasiada tristeza.

Por isso vos rogo que confirmeis para com ele o vosso amor.

2 Coríntios, 2:5-8

PODER DA ORAÇÃO

Está alguém entre vós doente? Chame os presbíteros da igreja, e orem sobre ele, ungindo-o com azeite em nome do Senhor;

E a oração da fé salvará o doente, e o Senhor o levantará; e, se houver cometido pecados, ser-lhe-ão perdoados.

Confessai as vossas culpas uns aos outros, e orai uns pelos outros, para que sareis. A oração feita por um justo pode muito em seus efeitos.

Tiago, 5:14-16

PURIFICAÇÃO

E dizia: O que sai do homem isso contamina o homem.

LISTA TEMÁTICA

Porque do interior do coração dos homens saem os maus pensamentos, os adultérios, as fornicações, os homicídios,

Os furtos, a avareza, as maldades, o engano, a dissolução, a inveja, a blasfêmia, a soberba, a loucura.

Todos estes males procedem de dentro e contaminam o homem.

Marcos, 7:20-23

SALVAÇÃO

Assim que, sabendo o temor que se deve ao Senhor, persuadimos os homens à fé, mas somos manifestos a Deus; e espero que nas vossas consciências sejamos também manifestos.

Porque não nos recomendamos outra vez a vós; mas damo-vos ocasião de vos gloriardes de nós, para que tenhais que responder aos que se gloriam na aparência e não no coração.

Porque, se enlouquecemos, é para Deus; e, se conservamos o juízo, é para vós.

Porque o amor de Cristo nos constrange, julgando nós assim: que, se um morreu por todos, logo todos morreram.

E ele morreu por todos, para que os que vivem não vivam mais para si, mas para aquele que por eles morreu e ressuscitou.

Assim que daqui por diante a ninguém conhecemos segundo a carne, e, ainda que também tenhamos conhecido Cristo segundo a carne, contudo agora já não o conhecemos deste modo.

Assim que, se alguém está em Cristo, nova criatura é; as coisas velhas já passaram; eis que tudo se fez novo.

E tudo isto provém de Deus, que nos reconciliou consigo mesmo por Jesus Cristo, e nos deu o ministério da reconciliação;

Isto é, Deus estava em Cristo reconciliando consigo o mundo, não lhes imputando os seus pecados; e pôs em nós a palavra da reconciliação.

De sorte que somos embaixadores da parte de Cristo, como se Deus por nós rogasse. Rogamo-vos, pois, da parte de Cristo, que vos reconcilieis com Deus.

Àquele que não conheceu pecado, o fez pecado por nós; para que nele fôssemos feitos justiça de Deus.

2 Coríntios, 5:11-21

TOMADA DE DECISÃO

E em Gibeom apareceu o Senhor a Salomão de noite em sonhos; e disse-lhe Deus: Pede o que queres que eu te dê.

E disse Salomão: De grande beneficência usaste tu com teu servo Davi, meu pai, como também ele andou contigo em verdade, e em justiça, e em retidão de coração, perante a tua face; e guardaste-lhe esta grande beneficência, e lhe deste um filho que se assentasse no seu trono, como se vê neste dia.

Agora, pois, ó Senhor meu Deus, tu fizeste reinar a teu servo em lugar de Davi meu pai; e sou apenas um menino pequeno; não sei como sair, nem como entrar.

E teu servo está no meio do teu povo que elegeste; povo grande, que nem se pode contar, nem numerar, pela sua multidão.

A teu servo, pois, dá um coração entendido para julgar a teu povo, para que prudentemente discirna entre o bem e o mal; porque quem poderia julgar a este teu tão grande povo?

E esta palavra pareceu boa aos olhos do Senhor, de que Salomão pedisse isso.

E disse-lhe Deus: Porquanto pediste isso, e não pediste para ti muitos dias, nem pediste para ti riquezas, nem pediste a vida de teus inimigos; mas pediste para ti entendimento, para discernires o que é justo;

Eis que fiz segundo as tuas palavras; eis que te dei um coração tão sábio e entendido, que antes de ti igual não houve, e depois de ti igual não se levantará.

1 Reis, 3:5-12

VITÓRIA

Mas em todas estas coisas somos mais do que vencedores, por aquele que nos amou.

Porque estou certo de que, nem a morte, nem a vida, nem os anjos, nem os principados, nem as potestades, nem o presente, nem o porvir,

Nem a altura, nem a profundidade, nem alguma outra criatura nos poderá separar do amor de Deus, que está em Cristo Jesus nosso Senhor.

Romanos, 8:37-39